腾飞的
太仓港

SOARIN TAICANG PORT

宋建中　主编

江苏人民出版社

图书在版编目（CIP）数据

腾飞的太仓港 / 宋建中主编 . —南京：江苏人民
出版社，2023.10

ISBN 978-7-214-28447-1

Ⅰ.①腾… Ⅱ.①宋… Ⅲ.①港口经济－经济发展－
研究－太仓 Ⅳ.①F552.753.3

中国国家版本馆CIP数据核字（2023）第199361号

书　　　名	腾飞的太仓港
主　　　编	宋建中
责 任 编 辑	汪意云
装 帧 设 计	长　岛
出 版 发 行	江苏人民出版社
出版社地址	南京市湖南路1号A楼　邮编：210009
印　刷　者	苏州市越洋印刷有限公司
开　　　本	787×1092毫米　1/16
印　　　张	10.5
字　　　数	198千字
版　　　次	2024年1月第1版
印　　　次	2024年1月第1次印刷
标 准 书 号	ISBN 978-7-214-28447-1
定　　　价	58.00元

（江苏人民出版社图书凡印装错误可向承印厂调换）

编委会

主　任

宋建中

副主任

王雪昌

委　员

徐卫强　高冬华　周建达　胡雪峰

赵　勇　陆静波　顾钱医

目 录
contents

前　言

2021 年 12 月 29 日上午，一个挂有"太仓港 2021 年第 7022129 标箱"横幅的集装箱被缓缓吊起，稳稳地装上停泊在太仓港的"江远幸福号"集装箱船，标志着太仓港集装箱年吞吐量突破 700 万标箱，跃居全国第 8 位。12 月 31 日，人民日报客户端江苏频道发表一篇题为《全国第八，太仓港为什么能？》的报道，文章说"2005 年，江苏省委省政府作出重点开发建设太仓港的决策，太仓港进入快速发展新阶段。2007 年集装箱吞吐量突破 100 万标箱，从打下第一桩到 100 万标箱，太仓港用了 15 年时间，成功迈入百万标箱港口行列；2016 年突破 400 万标箱，从 100 万标箱到 400 万标箱，用了 9 年时间，实现了快速崛起；2021 年突破 700 万标箱，从 400 万标箱到 700 万标箱，仅用了 5 年时间，进入了全面腾飞新阶段。"2022 年 12 月 29 日下午，一个挂有"2022 年太仓港集装箱吞吐量第 800 万标箱"横幅的集装箱被缓缓吊起，稳稳地装上"江远远达"集装箱船。仅 1 年时间，年吞吐量增 100 万标箱，相当于 2007 年集装箱年吞吐量水平。太仓港集装箱吞吐量排名全省第 1、全国第 8 位、全球第 25 位，这是太仓港开发建设 30 年来的历史新高，开创了全国内河集装箱发展新的里程碑。

这是以集装箱吞吐量为标志对太仓港发展阶段给出的评价，其实现代港口不仅是港航业的集结点和枢纽处，又是工业活动基地和综合物流中心，还是城市发展的增长点。因此，除了出色的集装箱吞吐量之外，临港产业发展同样突飞猛进，太仓港经济技术开发区拥有各类工业企业近 3000 家，规模工业产值超千亿，在全省省级以上开发区综合考评中排名第 14 位，在全国国家级经济开发区综合发展水平考核中排名第 33 位，标志着太仓港已经迈上全面腾飞的新台阶。

那么，太仓港何以实现全面腾飞？主要得益于八个方面：

一是"沪太同港"一体化发展 作为上海国际航运中心北翼集装箱干线港，太仓港主动融入上海国际航运中心，参与分工，加入循环，提升太仓港服务区域经济的发展能力。太仓港与上港集团联合组建上海港太仓服务中心，沪太两港实现"港口服务一平台、口岸通关一体化"，创新推出"一揽子"扶持政策，推动货物进入太仓港视同进入上海港，2021年沪太两港联动运输箱量超110万标箱。太仓港与宁波港也紧密合作，太仓港开辟到宁波港的"甬太快航"，把宁波港的服务延伸到太仓港。以太仓港为江海转运枢纽，全面对接上海国际航运中心的网络体系，重庆9家长江支线班轮以及安吉内河支线驳船均在太仓港实现了调头集并，推动江海中转箱量大幅度递增，既大大缓解了长三角地区乃至整个长江流域进出口企业的物流压力，又为腹地企业节约了物流成本。2022年，全力打造长三角一体化示范港，深化"沪太同港"效应，"太申快航"运力扩充至27条、密度扩充至0.6班/小时，成立上海港空箱中心太仓港分中心，共同打造服务本地和长江空箱调运基地。"沪太通"陆改水业务全年将完成11万标箱，两港联动运输箱量将突破150万标箱。强化甬太联动效应，升级"甬太快航"至天天班。与长江、内河港口保持紧密合作，积极推进与省内港口开辟"点对点"支线，进一步巩固了太仓港江海中转枢纽港地位。

二是服务国内国际"双循环" 太仓港根据既开发国内市场，又拓展国际市场的理念，科学合理布局航线航班，为缓解外贸空箱资源紧张、保障腹地企业进出口舱位做出了积极的贡献。至2022年，全港开辟运营集装箱班轮航线达到217条（班），形成了远洋中转41条（班）、近洋直达31条（班）、沿海内贸51条（班）、长江集并71条（班）、内河喂给23条（班）5张航线网络，覆盖近洋日本、韩国、俄罗斯、东南亚以及中国香港和中国台湾等24个主要港口，覆盖长江27个主要港口、内河23个重点港口及沿海17个主要港口，成为长江航线数量最多、密度最大、覆盖最广的港口，基本建成近洋直达集散中心、远洋喂给基地、内贸转运枢纽、江海联运核心港区。特别是太仓港疏港铁路专用线的开通运行，标志着太仓港正式开启"公铁水多式联运模式"。通过充分发挥太仓港航线资源优势，设计个性化铁水联运物流方案，将铁路服务触角不断延伸，运输货种不断丰富，成为苏州及周边企业运送民生物资和产业链物资的新通道。先后开辟浙江衢州、河南郑州、深圳平湖定期班列，与苏州中欧班列平台实现联动发展，成功开辟至粤港澳大湾区新通道，服务网点覆盖义乌、胶州、金华、深圳、拉萨、南宁等16个省66个站点。

三是临江产业的高质量发展 港区持续推进转型升级，先后打造了综合保税区、欧美高新技术产业园、健康诊疗产业园、新能源产业园、新材料产业园、重大装备产业园、国际商贸物流园、玖龙智能装备产业园、江海联运物流园、航空制造产业园以及生物港、同高院等产业载体，初步形成了"统一规划、园中有园、集群发展、规范有序"的产业园区新格局。目前拥有各类工业企业近3000家，规模以上工业企业300家，其中"世界500强"企业35家、美资企业36家、中央企业39家，电力能源、轻工造纸、石油化工、高端装备、先进材料、智能制造、健康医药、现代物贸等产业快速发展，科技创新能力不断提升，高层次人才加速集聚，获批省级新型工业化产业示范基地、省级物流示范园区、省级生产性服务业集聚示范区、省级服务业综合改革试点，"千亿制造、千亿物贸"目标任务如期实现，现代化产业体系基本形成。

四是推进"港产城"融合发展 港区以建设滨江新兴港口城市为引领，完成编制港区工业区控规、港城中心区控规及老镇区更新规划，新城功能形态加快完善，老镇更新改造有序实施。浮桥中学、港城小学相继投用，教育、卫生等公共服务不断优化。多种商业形态进驻汇邻生活广场、五洋滨江广场，基本形成了行政商务、生活居住、商业休闲、文教卫生、公共服务"五大功能"，同时，实施沿江环境整治和生态保护工程，"一核一廊二园三横三纵"生态系统不断完善，为服务港口繁荣和产业发展提供了良好的工作条件和生活环境。港口发展带动了港城建设，港城建设促进了港口生产和临港产业的发展，而港口生产、临港产业、港城建设的三者同步繁荣，对太仓区域经济和社会发展无疑起到了重要的带动作用。2022年，太仓市委市政府全面实施"港产城一体化"发展战略，先后制定出台《太仓建设港口型国家物流枢纽城市行动计划》和《关于促进港航物流业高质量发展的实施意见》以及《关于建立港产城一体化发展联席会议制度的通知》等重要文件，为实现港口、产业、城市有机结合、良性互动、协同发展提供了强有力的组织保障。一方面，确立"港城即全域、城市即港城"的理念，在重大基础设施建设、重大产业项目招引、重大城市功能配套等方面持续发力，实现"物流港"向"物贸港"的转型，成为带动区域经济发展的加速器。另一方面，确立"港口型国家物流枢纽城市"的理念，致力提升太仓港的辐射能力。积极与苏州自贸片区签订深化战略合作协议，并与上合组织国家多功能经贸平台及进口贸易商签订合作协议，充分利用各自资源和网络优势，聚合进口、贸易等产业链要素，推进进口商贸物流产业发展，培育进口产业生态链，成为苏州、江苏乃至长三角地区经济转型升级的有力支撑。

五是"放管服"的营商环境　沪太通关一体化实现集装箱货物经太仓港、洋山港进出"一次申报、一次查验、一次放行"，通关时间每票平均节约 20 小时；加快建设智慧港口，搭建港航一体化服务平台，探索口岸一体化监管模式，推动实现口岸单位、查验中心、码头堆场、代理公司间信息互通、实时共享，流程时长平均压缩 87.7%；成立上海中远海运物流太仓外代苏州营销中心和苏州分公司吴江办事处，优化内河航运"一主两辅"网络布局，打造仓储配送、海外拓展、供应链金融、大宗货物、跨境电商等全流程物流供应链，打通服务腹地企业"最先一公里"，帮助腹地企业货物"更加安全、更加便捷、更加高效、更加经济"地从太仓港进出，全力打造"家门口的出海口"。港区成立行政审批局、政务服务中心，整合市场准入、投资建设、社会事务、社保医保等窗口，构建 24 小时自助服务区，满足企业"5+2"不间断服务，积极推行"双信制""一站式""保姆式""告知承诺制""全程代办制""一枚印章管审批制"等服务新模式，进一步提高了审批效率，营造温暖舒心、文明、有序的营商环境。

六是坚强的组织领导　太仓港是江苏大港，在组织体制上高配，江苏太仓港口党工委和江苏太仓港口管理委员会系副厅级建制，委托中共苏州市委员会、苏州市人民政府管理。根据《中共江苏省委江苏省人民政府关于江苏太仓港口管理机构等问题的通知》（苏委〔2005〕332 号）文件精神，江苏太仓港口管理委员会除了全面承担港口建设和发展等管理职能之外，还有负责对外联络、协调各项要素资源向太仓港集聚工作、协调口岸各查验部门做好服务工作以及承办苏州市委、市政府交办的其他工作等职责。既牵头抓总，统筹协调，整合资源，又参与省市重大活动和顶层设计，在争取上级支持、破解难题方面发挥了得天独厚的组织优势，使得港口发展始终处于良性轨道。2017 年，江苏省政府深化沿江沿海港口一体化改革，将江苏省港口集团有限公司长江集装箱事业总部设在太仓港。长江集装箱事业部为江苏省港口集团直属单位，以资源协同和业务协调为重点，整合推动长江集装箱业务港航物流融合发展，并将太仓港务集团归江苏省港口集团管理，从而整合全省港务资源，协同推进长江集装箱运输，太仓港自然成了江苏大港、长江集装箱运输第一大港。太仓市委书记、市长兼任太仓港口、港区党工委及管委会领导，从而构建了江苏、苏州、太仓三级党委政府齐抓共管、条线部门配合支持的组织保障体系。同时，还有海关、海事局、边检站、引航站、长航太仓派出所、长江太仓航道处等口岸单位热情服务，为港口生产发展保驾护航。

七是强大的内在动力　在太仓港大建设、大发展的过程中，始终得到了太仓市委、市政府的高度重视和大力支持，这是太仓港实现全面腾飞的坚强后盾。港口、港区和浮桥镇"三驾马车"齐驱并进，共谋发展。积极探索"市港联动""两委联动""区镇一体"管理机制，建立"党建联盟""职工之家""文明实践所""企业家联盟""港区商会"等联谊平台，凝聚合力；开展"邻里文化节""企业文化节""全员阅读节""全员劳动竞赛"以及评比先进企业、劳动模范、"最美港城人"、"太仓好人"等活动，培植社会正能量。同时，扎实做好拆迁安置工作，注重失地农民的就业、养老、医保、增收等民生问题，铁腕治理环境污染，完善公共服务设施，加强社会治安、打黑除恶、防汛防疫工作，从而形成了党心民心同心圆、合拍共振谋发展的强大驱动力。

八是三十年的厚实积淀　自建港以来，始终以大投入、大开发、大建设的强劲态势，推进发展大港口、大物流、大产业。原来的一片江滩，如今建成了集公水铁于一体的集疏运体系，实现泊位深水化、船舶大型化、装卸自动化；查验装卸、仓储堆场、智慧港口等配套设施日益完善。临江产业、港城建设、社会环境日新月异。

厚重源于积淀，翱翔始于蓄势。"十一五"期末，太仓港集装箱吞吐量达221.15万标箱，居世界港口第51位，成为长江集装箱运输第一大港。港区规模企业总数达到172家，工业总产值达到565亿元。"十二五"期末，集装箱吞吐量达到370.61万标箱，名列全国集装箱港口第10位、全球第47位，首次跃升为长江外贸第一大港。港区拥有15家世界500强企业，15家中央企业，12家美资企业，完成规模工业产值705亿元。至"十三五"期末，集装箱吞吐量达到521.2万标箱，排名跃至全省第一位、全国第9位。港区完成工业总产值1004亿元，物贸主营收入1005亿元，在全省省级以上开发区中排名上升至第17位。2021年，集装箱吞吐量突破700万标箱，跃居全国第8位。2022年，实现集装箱吞吐量800万标箱，跃居全球排名第25位，增速位列全球百强港口第一。太仓港终于实现了"世界冠军"的梦想，这正是卅载砥剑终成锋，蓄势展翅速腾飞。

太仓港曾因元代漕运和郑和下西洋而成为"天下第一码头"，而今重振雄风，成为东方大港。尤其是2013年至2022年的10年，是太仓港发展史上的一个里程碑式的重要时期，成功实现了"六大演变"，即从县级港口变为省级大港、从内河港变为江海港、从第二代港口变为第四代港口、从港口流量变为经济增量、从实现崛起变为快速腾飞、从名气不大变为名扬天下。

为了将这个辉煌的 10 年历程记录下来，我们编纂《腾飞的太仓港》一书，作为《崛起的太仓港》（期限自 1992 年至 2012 年，2013 年出版发行）的续集，也作为献给太仓港建港 30 周年的礼物。

在本书编纂之前，太仓港口管委会、港区管委会为我们提供了历年的工作计划、工作总结、各类规划、大事记以及媒体报道等，为编纂本书提供了详实的第一手资料。同时通过实地考察、个别走访、查阅档案、统计分析、咨询审阅等方法，对书稿进行修改完善，力求本书能够成为 10 年奋斗的真实记录，成为太仓港发展史的可靠史料。

目前，太仓市委坚持"以港强市、以市兴港"战略，全力推进"港产城"一体化，加速推动"港口流量"转变为"经济增量"，高标准建设港口型国家物流枢纽城市。我们完全相信，太仓港在未来 15 年必定如展翅的雄鹰越飞越高。

第一章 港口发展

第一节 发展战略

一、港口定位

"十二五"时期，按照国家定位，太仓港为"上海国际航运中心重要组成部分、集装箱干线港和江海联运中转枢纽港"；按照省委省政府定位，太仓港为"江苏沿江集装箱运输的内贸转运枢纽、近洋直达集散中心、远洋中转基地"。

"十三五"时期，按照国家定位，"太仓港是上海国际航运中心重要组成部分、集装箱干线港、国际江海联运中转枢纽港，是江苏省委省政府重点建设的重大交通基础设施之一，已经成为江苏沿江集装箱运输的内贸转运枢纽、近洋直达集散中心、远洋中转基地，为全省经济转型升级、现代服务业发展提供更加有力的支撑，成为深度参与上海国际航运中心合作分工的重要北翼、辐射带动长江沿线经济发展的重要进出口门户。"

"十四五"时期，根据《〈长江三角洲区域一体化发展规划纲要〉江苏实施方案》和《虹桥国际开放枢纽建设总体方案》，太仓港的发展定位有了新的提升，太仓港"为长江三角洲区域一体化发展的重要组成部分，推进太仓港建设中近洋集装箱贸易港以及上海港远洋集装箱运输的喂给港，拓展直连直通的远洋航线，打造江海联运核心港区与近洋运输集散中心，成为上海港远洋集装箱运输的喂给港和高效物流贸易港、国际江海联运枢纽港、近洋和内贸集装箱干线港"。根据江苏省委和苏州市委部署要求，太仓港口管委会全力以赴推动苏州港改革创新发展，明确要坚持以太仓港区为龙头，推动太仓港区、常熟港区、张家港港区和内河港区协同发展。要把太仓港全面打造成为苏州开放再出发的"门户港"、长三角一体化发展的"示范港"，以及现代经济发展的"枢纽港"，为全省乃至全国发展大局做出更大贡献。

　　二、战略举措

　　（一）代际升级　格局有多大，成就有多大。太仓港"十二五"发展规划确定了"完成向第二代港口转型，力争向第三代港口过渡"发展目标。为了顺利达到既定目标，太仓港口管委会委托清华大学编写了《太仓港"大物流"发展规划》。规划不仅对"大物流"提出具体实施建议，而且从放眼快速建设具备领先成本和领先服务优势的"第四代现代化港口"出发，指明了建设方向和具体实施策略，为太仓港快速和稳定的发展指明了建设方向。

　　太仓港"十三五"发展规划，根据"第四代现代化港口"定位，确定了"全面建成国际江海联运枢纽港、集装箱干线港"发展目标，对"五大体系"（公铁水综合立体集疏运体系、江海联运中转体系、高度集聚的特色物流体系、环境优良的开放服务体系、绿色智能安全的行业治理体系）明确了发展指标和重点任务，为迈向第四代港口描绘了蓝图。

　　太仓港"十四五"发展规划，确定了"基本建成具有国际竞争力的现代化港口"的目标，全面实现"六个高"，即港口设施高标准、港口一体化高融合、运输服务高品质、物流商贸高增长、平安绿色智慧高水平、管理服务高效能。

　　从既定的目标和发展的实绩看，太仓港已经彰显了码头航道深水化、专业化，航线航班网络化、国际化，港口合作协同化、融合化，港口管理信息化、智慧化，作业环境绿色化、生态化，港口服务柔性化、便捷化等第四代港口的基本特征，成功实现港口代际"三级跳"。

　　（二）海港管理　物流成本是港口竞争的核心要素，太仓港凭借地处"江头海尾"的区位优势，牢牢抓住长江口—12.5 米深水航道上延至太仓港的重大机遇，积极对上争取，得到了交通运输部、财政部、国家发改委批准，同意作为沿海港口管理，从而成为全国首个享受海港待遇的内河港。从 2013 年 1 月 1 日起执行相关的行政事业性收费政策，国内航行船舶港务费由双向收费改为单向收费，费率由 0.55 元降至 0.25 元。同时，长江太仓港以下水域实行放开引航，五星旗海轮无需申请引航就可自主进出太仓港，由此五星旗外贸船舶可免缴 0.52 元 / 净吨的引航费，五星旗内贸船舶可免缴 0.29 元 / 净吨的引航费。这使得太仓港船舶进出效率更高、成本更低、出入更快，吸引了更多船公司前来开辟航线，已经开辟航线的船公司竞相把小船改成大船。实施海港化管理后，进出太仓港超大型船舶的界定标准由原来的9.7米提高到10.5米，即淡吃水10.5米以下的船舶免于按照超大型船舶管理；提高到港超大型船舶吃水控制尺度，根据太仓港通航条件及码头泊位情况，将到港超大型船舶吃水控制线提高至11.8米。"一寸水深一寸金。"船舶吃水提高到11.8米，船舶每航次可多载约2万吨货物，仅物流成本就可节省60余万元，超大型海轮吃水每增加1厘米，至少多载货物120吨，吃水增加30厘米，大船可多载4000吨货物，这相当于一条船长100米左右货轮的满载量，可为货主、港口、船舶单位创造效益累计达几千万元。海港化管理取得了显著效果，到港国际船舶数量大幅度增长，船舶大型化、深吃水的趋势愈发明显，太仓港已成为长江沿线集装箱运输量最大的港口，成为长江沿线靠泊船舶吨位最大、吃水最深、接靠超大型船舶数量最多的港口。20万吨级船舶进出太仓港实现常态化，有效提升了太仓港的综合竞争力。

（三）合作拉动　合作是借力，合作能双赢，合作是出奇制胜的法宝。建港初期，基础设施一无所有。1998年，太仓港与中国远洋运输集团总公司合作开发建设中远国际码头（后改为太仓国际集装箱码头），这是太仓港第一个对外开放集装箱码头。2003年，太仓港与宁波港合作，先后开发建设武港码头和万方码头，走出了一条"港企合作、港港合作"的新路子，不仅引进了资金、政策、人才、管理，破解了制约太仓港发展的瓶颈，而且打造了江苏大港的骨干码头。

武港码头采用的"甬太联动"运营模式，将原本在海港全卸的进口铁矿石外轮，通过减载的方式直接靠泊太仓港，从而达到"物流效率高""综合成本低""经济效益好"的目标，成为长江进口铁矿石第一中转码头。万方码头开通"甬太快线"，成为长江经济带、长三角地区远洋货物在太仓港中转的第二通道。2014年，太仓港大胆迈开了与上海港合作的步伐，从而开辟了一个飞跃发展的新天地。2015年，太仓港推进与宁波港的深化合作，将集装箱一期、二期的香港现代货箱股份收购，参股一、二期码头经营。2022年，与宁波港合作经营的六个码头年集装箱吞吐量达到339万标箱，占全港集装箱吞吐量的42%。2022年，太仓港口管委会与北部湾港集团签署深化战略合作框架协议，携手共创江海转运新模式，拓展"海上丝绸之路"南向出海口，形成更好地服务于"双循环"的新发展格局。两港合作后，利用太仓港地处江尾海头的区位优势，共同将太仓港打造成为北部湾至长江流域的江海转运平台，携手共创两地货物江海转运新模式。两港将优化区域航线布局调整和航线结构，共同打造太仓港—北部湾集装箱"内贸精品航线"，合力推动华东及广西区域经济内循环。同时，利用北部湾港口连接西部陆海新通道、海南自由贸易港、粤港澳大湾区、东部地区和东盟国家区位优势，共同建设以北部湾港为节点的陆海新通道多式联运集疏运枢纽。

（四）沪太同港 "十一五"时期，太仓港开辟远洋航线，开行成本非常高，与上海港在远洋航线方面的竞争中没有优势。就近洋航线来说，上海港的船期密度是太仓港的15至20倍，而太仓港对货源的吸引相对小，货源波动大，航班要求无法达到货主所需要的密度，船公司亏损。因此，与上海港合作，做好上海港喂给港的角色，可谓是"一石三鸟"的妙招，彻底破解了长期以来被困惑的发展瓶颈。2014年，太仓港与上海港务集团成功签订合作框架协议，组建上港正和集装箱码头有限公司，双方合资经营三期码头下游两个5万吨级泊位。此举不仅引进了上海港资金、技术、人才参与太仓港建设发展，而且为社会航运资源要素进入太仓港创造了条件，更为太仓港融入上海航运中心、分享航运中心资源、参与航运中心分工、加入航运中心循环以及对接上海自由贸易试验区搭建了基础平台。两港合作后，积极推进沪太通关一体化，将太仓港作为上海港的延伸，企业在太仓港与洋山港之间中转货物，无论是进口还是出口，可以在上海港或太仓港一次办理通关手续，并接入和运用上海港长江内支线中转信息平台，实现两港信息共享共用，真正实现货物进出口只需"一次申报、一次查验、一次放行"，从而吸引了一大批国际大型班轮公司来太仓港提供"沪太通"服务，成为全国首个实现跨省通关一体化的港口，与上海港各港区实现航线无缝对接，"沪太通"物流模式走货量年均增长143.7%。2021年，大力实施"沪太同港化"战略，推进集装箱四期码头与上港集团再次合作，上海港太仓服务中心揭牌投运，打造了"货物进入太仓港视同进入上海港"品牌和"两港一窗"公共服务体系。"太申快航"实现天天班，所有驳船在上海港均享受优先靠泊、优惠费率，从而实现了与上海港各港区航线、口岸政策及信息系统无缝对接。时任江苏省委常委、苏州市委书记蓝绍敏在调研太仓港时对沪太两港合作表示充分肯定和大力支持，他指出："继续深化与上海港、宁波舟山港的合作是太仓港发展的必由之路，只要有利于太仓港做大做强，市委、市政府全力支持太仓港放手合作、全力合作、深化合作。"

（五）融入循环 国家物流枢纽是物流体系的核心基础设施，在全国物流网络中发挥关键节点、重要平台和骨干枢纽作用。太仓港作为苏州港口型物流枢纽的建设载体，抓住长三角一体化、长江经济带等多重国家战略以及"一带一路"建设叠加机遇，积极向上争取融入国内国际双循环航线体系。2020年11月，太仓港终于入选国家物流枢纽建设名单，从此全面布局双循环航线体系，先后开辟了胡志明港、海参崴、东方港等外贸干线航线，海口、天津、钦州等内贸干支线，镇江—太仓"润太穿巴"长江支线，阜宁、射阳苏北内河支线，成为长江集装箱港口中航线种类最多、覆盖港口最广、班期服务最密的港口，有力推动了腹地货物流转时效进一步提级加速。太仓港依托近洋集装箱直达中心、远洋集装箱集并分拨中心等优势，大力发展江海中转联运、海铁联运，畅通国家物流大通道，增强供应链整体竞争力，不断提升区域物流集聚与辐射能力，为构建"通道＋枢纽＋网络"的现代物流运作体系，促进形成以国内大循环为主体、国内国际双循环相互促进的新发展格局提供有力支撑。

（六）科技强港　2013年，太仓港全力推进信息化建设，信息中心二期货代平台、物流协作平台、视频监控、电子闸口等系统投入试运行；新开发了船舶管理系统、国检卫生检疫系统、高速公路优惠系统、国检全申报系统。2014年，太仓港建成海关国检"三个一"项目平台、国检无纸化查验放行模块、海事船港货一体化系统等，完成省电子口岸船舶管理接口调试、太仓港集卡高速优惠系统数据核对更新、海关新舱单系统的数据传输。2017年，太仓港设立信息化办公室，选派得力干部，加大资金投入，全力推进港口信息化工作。2018年，太仓港指挥中心建设顺利推进，开发投运口岸智慧查验系统、码头联合操作海关监管系统、集卡优惠通行服务系统、集卡过闸无纸化系统。2019年，太仓港电子口岸与海关、海事、引航等口岸单位以及所有集装箱和件杂货码头企业实现数据对接；太仓港指挥中心、集装箱过闸无纸化系统、拖轮公共服务平台、智慧查验平台建成投运。2020年，太仓港实现全港船舶统一申报、集装箱船舶统一调度，基本实现集装箱物流全程无纸化，率先在全省推行了集装箱港口作业环节的单证无纸化。数据融合对接取得重要突破，实现了在太仓港一站式申报平台进行本港引航业务申报，与江苏海事局港航信息一体化共享系统深度融合，向南京海关争取海关报文收发统一通道，基本完成海关运抵数据通道建设。太仓港指挥中心按照全港数据中心、智慧管理中心、应急监控中心和资源调度中心的功能定位，实现常态化运作。2021年，打通与上海港长江平台对接通道，实现沪太两港集装箱相关数据的有效衔接。船舶调度综合服务平台实现全港全覆盖，锚地、拖轮业务在本港一站式申报系统实现融合。集装箱智慧物流平台功能持续提升，实现全港提还箱业务统一预约预录及在线支付服务。完成了全港 VGM（核实集装箱重量）统一申报平台的建设和推广，结束了太仓港多年来 VGM 数据多平台申报的模式。港口物流系统与部集优平台系统实现对接，成为全国首家与交通运输部集优平台对接的港口，为集卡驾驶员提供更为便捷的服务。建成太仓港治超系统，对全港车辆超载行为实现有效监管，并实现全港车辆统一备案、数据共享共用。建成太仓港发展服务数据信息化系统，实现太仓港生产数据统计分析，码头生产异常监控预警定向推送。联合太仓海关，开展太仓港智慧水运口岸平台项目建设；联合太仓海事，按照"两中心，一平台"的原则，推进太仓港港航一体化服务平台等项目建设，推动口岸单位更多数据的互联互通，进一步提升口岸通关效率。2022 年，加强与省电子口岸公司、上海亿通公司、上海港及宁波舟山港平台的战略合作，尽快实现信息互联互通、共享共用。遴选沿江到太仓港中转箱量大的港口，探索数据交互合作模式。持续优化"集装箱智慧物流"系统，加速推进全港产业链无纸化工程，在全港实现过闸无纸化的基础上，推动全港提货单无纸化，探索装箱单无纸化的解决办法，在全省率先彻底取消集装箱作业环节所有纸质单证，为企业降本增效，进一步优化口岸营商环境。同时，积极推进码头装卸服务费和拖轮服务费支付使用数字人民币结算方式，既降低了企业生产运行成本，又提升了财务人员的结费效率，赋能港口高质量发展。优化升级船舶综合调度系统，实现全港船舶作业一站式申报。推进海关智慧水运口岸建设，建成太仓海关口岸监控中心，升级外贸进出口查验服务，取消人工录入环节，打造口岸查验服务 2.0 版。上线疏港铁路堆场生产系统，实现铁路场站与集装箱码头、港外堆场数据互联互通。推广苏州港综合运输服务平台，强化数据互联互通，探索数据治理赋能路径，加快港口数字化转型步伐。

（七）产城融合　2014 年，太仓市委提出了"港口、产业、城镇联动"发展战略，加强三者联动发展，充分发挥港口岸线、腹地资源优势，加快临港产业集聚，推进港城开发建设，形成现代港口的带动和辐射效应，更好地服务和带动区域经济协调发展。为了推进这个战略的实施，每年的政府工作报告强调"港产城"联动发展，从而不断增强了对"港产城"联动发展重要意义的认识，逐步形成了"四轮驱动"的发展模式，即区港联动、港产联动、港城联动、"港产城"一体化联动。2022 年8 月，苏州市委召开常委会会议暨专题调研太仓市工作会议，明确要求太仓把港产城一体化作为"第一战略"。会议要求推动港产城深度融合发展，加快集装箱码头建设，新增加密航线航班，擦亮"货物进入太仓港等同进入上海港"服务品牌。开展"深蓝"产业链招商、制高点招商，加速引进"3331"现代化产业体系和大数据、云计算、区块链等新基建项目，推进中央企业、欧美企业、世界500强企业三个特色集群增量扩容。复制推广更多自贸区改革经验，强化政策创新、举措创新，在布局发展高能级航运服务产业上取得实质性突破。加快滨江港口新城建设，强化"深蓝产业"创新，深化长江大保护，让城市更好地服务港口发展、港口更好地赋能城市发展，实现港产城全面加速升级。

（八）服务本地　为了更好地服务苏州企业，带动区域经济发展，太仓港积极争取苏州市委市政府的全力支持，出台促进本地货物"陆改水"相关政策，建立与商务、开发区等政府部门的信息沟通渠道，及时掌握腹地企业物流需求，加大服务力度，推动更多本地货物来太仓港进出。2019年8月16日，太仓港首条直达苏州内河港口的集装箱班轮航线正式开通。该航线由江苏恒隆物流有限公司运营，初期投入2艘54标箱船舶，单程航行时间约16小时，班次密度为每周2班，每周二、周四从苏州园区港出发，在航线运营成熟后将增加到天天班。该航线充分利用苏州内河航道资源优势，依托太仓港成熟的近洋直达、远洋中转和沿海内贸航线网络，能够为苏州市区企业货物提供便捷、绿色、低成本的水路运输服务。同年8月30日，张家港至太仓港的"张太穿巴"成功开通。前期投入一条1900载重吨的集装箱船"宏远5118轮"，船舶舱位72标箱，船期为每周5班。"张太穿巴"航线的开通，是在张家港永嘉码头与太仓港之间开辟了一条快速往来通道，张家港及周边地区的内外贸货物通过这条航线到达太仓港，然后再转成太仓港的大船到全球各地，相当于把太仓港的出海口功能辐射到张家港码头，将极大提升张家港及周边地区企业进出口的便捷性和时效性，增强太仓港的集聚力和影响力。2021年5月28日，苏太快航（杨林塘航道）精品航线开通，标志着苏州进出口企业多了一条物流出运新通道，对促进苏州内河集装箱高质量发展、加快"苏货苏运"进程具有重要意义。苏太快航挂港顺序为苏州高新港—苏州园区港—太仓港，由苏申内港线出发，经昆山青阳港和金鸡河航道，再由杨林塘进入长江至太仓港。目前每周3班，采用定时、定船、定点、定价、定班模式运行，运行成熟后将逐步增加至天天班，单程航行时间为10小时，比传统通过上海黄浦江航道绕行至太仓港节省8—10个小时，相较陆路运输更加安全低碳、节约高效。据测算，通过该航线运输，每标箱综合成本将比陆路运输模式降低15%左右。该航线开通后，苏州进出口企业可以提前将货物集港到苏州园区港，为企业节省大量仓储成本。同时，该航线的开通也可有效缓解进出口企业用箱难、节假日拖车用车难等问题，对降低企业物流和仓储成本具有积极作用。

苏太航线常态化通航，不仅为苏州企业提供了又一条便捷、高效的"河海联运"多式联运新通道，实现了苏州园区港与"沪太同港"平台无缝对接，共同构建苏州连通长三角一线口岸的大交通、大物流、大通关体系，充分发挥为企业降本增效的良好效应，有力助推区域外向型经济和服务贸易转型发展，而且为太仓港提升揽货能力和集装箱吞吐量、实现"港产城"融合发展、促进区域经济发展、发挥示范港作用等方面提供了有力支撑。

第二节　港口建设

一、规划编制

2013 年 10 月 22 日，交通运输部、江苏省人民政府在《关于苏州港总体规划（2013—2030 年）的批复》（交规划发〔2013〕628 号）中，批复太仓港总体规划。经过多年的争取和各方的努力，该规划考虑了港区部分诉求，兼顾了装备制造等临江产业发展需求，较好解决了远景规划与近期规划的矛盾，协调了全省发展战略与太仓发展需要的关系，为进一步加快临江产业发展、壮大重大装备产业提供了规划依据。2014 年组织编制了《太仓港控制性详细规划》，这将更加有效控制、合理利用港口岸线、土地等资源；2015 年完成了《太仓港"十三五"发展规划》《太仓港"智慧港口"项目规划》的编制工作，2016 年完成了《长江水运集散中心（江海联运港区核心港）建设实施方案》编制。2018 年组织编制《太仓港集疏运体系规划》和《太仓港支持保障系统规划》，2019 年积极做好《苏州港总规》太仓港部分修编协调配合工作，编制海通汽车码头岸线功能调整研究报告，《太仓港交通基础设施空间规划》《港口岸线五年利用规划》完成中间成果，《江海中转集装箱码头预可行性研究报告》通过专家审查。2020 年编制了《太仓港交通基础设施空间规划》《港口岸线五年利用规划》，2021 年编制了《太仓港"十四五"发展规划》。此外还根据港口铁路建设调研形成了《沪通铁路太仓港支线建设前期工作方案》《太仓港码头前沿冲刷成因研究报告》，谋划完善港口集疏运体系。2022 年完成长江太仓段近岸冲刷整体防护方案编制。

上述规划与研究的深入开展，有效完善了港口规划体系，拓宽了港口在新阶段发展的思路，有力推动了港口有序发展、快速发展和健康发展。

二、码头建设

2013 年以来，以大型化、专业化为方向，按照集约化发展原则，继续加强港口码头泊位建设，扩大港口能力，优化港口结构，先后完成了 9 个续建、新建工程。

（一）美锦码头 由太仓港口投资发展有限公司与苏州港口发展（集团）有限公司合作投资，总投资 14 亿元。该码头位于白茆沙南水道右岸荡茜河口上游，拥有长度 1170 米的岸线，陆域面积 96.67 万平方米，码头总长度 775 米，外侧建设 5 万吨级多用途泊位 3 个，水工结构按 10 万吨级集装箱船舶设计，码头上游内侧布置 1000 吨级驳船泊位 3 个，年设计通过能力 415 万吨。建设外贸堆场面积近 30 万平方米，内贸场地 5 万平方米，并配备符合管理要求的专门熏蒸场地，可单批次满足 5000 立方米木材的熏蒸处理需求。该码头于 2011 年 2 月开工建设，2012 年 9 月竣工验收，2013 年 5 月 12 日试运营，2013 年 7 月 2 日，顺利通过由省口岸办、省海事局等组成的码头开放省级验收小组的验收，正式对外营业。

（二）华能太仓港务煤炭储运码头 该码头由华能国际电力股份有限公司和南京港（集团）有限公司合资建设，总投资约 18.5 亿元。占用岸线 0.61 公里，土地面积约 50.52 公顷，总规划设计建造 12 个码头泊位以及相应配套设施，其中，10 万吨级和 5 万吨级煤炭接卸泊位（水工结构均按靠泊 15 万吨级船舶设计）各 1 个，5000 吨级煤炭装船泊位 4 个，1000 吨级煤炭装船泊位 6 个，总设计吞吐能力 2700 万吨。码头和陆域通过长约 346 米的引桥连接，后方陆域建设 5 台堆取料机作业线，6 个堆场，堆存能力 120 万吨，主要布置煤炭堆场以及生产、生产辅助建筑物等设施，具有中转、储运、分选、混配等综合功能。该码头于 2010 年 12 月获得国家发改委核准批复，2011 年 9 月全面开工建设，2013 年 11 月，6 个泊位（其中 10 万吨级和 5 万吨级泊位各 1 个，5000 吨级泊位 4 个）率先建成并通过交工验收。6 个 1000 吨级泊位于 2013 年底完成设备安装。2013 年 12 月 28 日，正式对外开放。该码头为电厂减少损耗、降低成本、保障供应做出贡献，成为华能集团在华东、沿江最大的煤炭储运基地、江苏在沿江唯一的煤炭中转基地和国家在沿江最大的煤炭战略储备基地。

（三）集装箱四期码头 该码头是交通运输部示范工程、长江流域在建最大码头项目、江苏省政府重点工程，由苏州港太仓港口投资发展有限公司投资建设，位于太仓港浮桥作业区浪港口至七丫口岸段，紧邻上游三期码头13、14号泊位。码头建设4个5万吨级集装箱泊位及相关配套设施，水工结构按靠泊10万吨级集装箱船设计，泊位总长1292米，设计年通过能力200万标箱。用地面积120.6万平方米，总投资40.26亿元。2015年，码头建设的土地问题得到解决；2016年，环评审查、规划选址、土地预审等顺利获批；2017年完成前期所有审批和招投标工作；2018年4月28日开工建设；2019年，部分道路、堆场开工建设；2020年6月8日主体完工；2021年2月9日，与上港集团签订合作协议；2021年6月28日，码头启用投运，同时，上海港太仓服务中心同步揭牌，实现货物进入太仓港视同进入上海港。该码头为栈桥式码头，堆场平行码头前沿线布置，采用双悬臂自动化轨道吊，水平运输与堆场的作业交接远期采用自动驾驶集卡将集装箱送到指定泊位。码头装卸采用自动化轨道式集装箱龙门起重机，并采用岸桥远程操控和预留水平运输自动化功能，成为长江内河首座堆场自动化码头，对江苏集装箱码头提档升级起到示范作用，已列入江苏省交通运输厅科技示范项目。

（四）海通（太仓）汽车码头　海通（太仓）汽车码头由上海海通国际汽车码头有限公司和太仓港口投资发展有限公司共同出资建设，总投资约30亿元，利用集装箱三期上游的11号、12号泊位，建设4个汽车滚装泊位及陆域堆场工程。该码头使用岸线708米，占地1570亩，其中陆域1370亩、水域200亩。2013年，完成了合资公司工商登记、报批工作。2014年，完成物流工程初步设计和施工设计批复。2015年，土地问题和海通物流程完成初步设计、施工图审查，岸线调整得到解决。2016年，一期工程建成投运，二期于2019年建设完成。2022年12月20日，码头先导段开工建设。该码头建成后，形成年96万辆整车滚装能力，并直接带来30万标箱汽车零部件进出业务，实际能力可达每年120万辆，每年拉动约50万标箱零部件业务，不仅成为长江最大的汽车滚装物流码头，而且成为长三角经济核心区域商品汽车的集散地，成为南京、芜湖、武汉、重庆几个重要的商品汽车生产基地的运输中转枢纽，奠定了太仓港在长江经济带上的汽车水运龙头地位，同时对提升苏南乃至长三角汽车物流产业链起到积极的推动促进作用。

（五）协鑫码头　该码头由太仓鑫海港口开发有限公司投资建设，于2014年1月18日全面开工建设，总投资约11.4亿元，设计年吞吐能力1900万吨，建有1个5万吨级散货接卸泊位（水工结构按靠泊10万吨级集装箱船舶设计）、4个500吨级装船泊位（水工结构按1000吨驳船设计）及相关配套设施。码头长度为310米，宽度 46 米，陆域面积约 26 万平方米，共布置 3 条斗轮机作业线，配套生产用房和生产建筑物共 22577 平方米，设计年通过能力 850 万吨。远期再建一个 15 万吨级散货接卸泊位和三个 3000 吨级装船泊位及配套设施。码头于 2018 年 7 月整体投入试运营，将打造成长江沿线乃至国内自动化程度最高、装卸效率最快的专业化散货码头，为长江中下游及国内外客户提供煤炭、铁矿石等散货和集装箱储运、中转服务。

（六）润禾码头　太仓润禾码头由润邦股份下属子公司润邦卡哥特科工业有限公司全资投资，2015 年 9 月份开始结构施工，2016 年 11 月份完成交工验收。该码头拥有 5 万吨通用泊位 1 个，泊位长 361 米、宽 40 米，引桥长 285.6 米、宽 32 米，码头设计通过能力为年 131 万吨。设计水底高程—14.3 米，码头、引桥设计荷载是普通件杂货码头的两倍。码头投入使用后，主要将港口机械和海洋工程起重机等产品总装发运出口，同时，对外承接各种大型装备、风电设备、钢结构及钢材等件杂货物装卸，并提供设备组装场地、仓储等服务。

（七）扬子江海工码头　该码头由江苏扬子江海洋油气装备有限公司投资建设，2016 年投入使用，共建两个 30 万吨级舾装泊位。舾装码头长 928 米，宽 25—31 米，材料码头长 140 米、宽 20 米，设有 3 座引桥。太仓海工基地建成后，主要承担自身建造的产品对外交付以及集团上游子公司为国外船东建造的超大型散货船、超大型集装箱船等船舶的收尾及交付之用。同时，将制造海上大型钻井平台等海洋油气装备，并将成为扬子江集团进军深海领域、实现产业转型的重要阵地。

（八）太仓正和国际集装箱码头　太仓正和国际集装箱码头是太仓港口投资发展有限公司与上海国际港务（集团）股份有限公司共同投资成立的合资公司。其中太仓港口投资发展有限公司占 55% 股份，上海国际港务（集团）股份有限公司占 45% 股份。码头于 2010 年开始试运行，2013 年正式通过竣工验收，设计集装箱年吞吐量 100 万标箱，拥有 2 个 5 万吨级集装箱泊位及相应的配套设施，兼靠 10 万吨级集装箱船，泊位总长 664 米，前沿设计水深—15.5 米，配置 6 台 61 吨岸边集装箱装卸桥，堆场配置 15 台电动轮胎式起重机，拥有 30 辆场内集卡负责码头内平面运输，5 台堆高机负责空箱的进出场，并有 1 台正面吊配合重箱作业。陆域总面积为 50.69 万平方米，重、空箱堆场总面积为 28.1 万平方米。该码头充分发挥"沪太"两港合作优势，将分散在沪太两地海关的操作集中到太仓港，转关和通关手续仅需在太仓港办理，真正实现"一次申报、一次查验、一次放行"，简化手续、降低客户成本。同时，将太仓港作为洋山港的延伸，实施"联动接卸、视同一港"整体监管，实现洋山港和太仓港通关一体化运行。

（九）太仓港正和兴港集装箱码头　太仓港正和兴港集装箱码头为苏州港太仓港集装箱码头三期工程，由太仓港口投资发展有限公司投资建设，于2013年7月注册成立公司，2014年初开始试运营。该码头按照第四代港口功能，设计年吞吐量为100万标箱，前沿设计水深—15.5米，能够满足10万吨级船舶和第四代集装箱船舶全天候进出。主要业务为码头船舶提供码头设施，在港区内提供货物装卸、仓储、物流服务、集装箱装卸、堆放、拆拼箱；车辆滚装服务、对货物及其包装进行简单加工处理，为船舶提供淡水供应。承办海运、空运、陆运进出口货物的国际运输代理业务，包括：揽货、订舱、仓储、中转、集装箱拼装拆箱、结算运杂费、报验及运输咨询业务，港口信息咨询。

三、扩能改造

2012年至2022年期间，先后对武港、阳鸿、润禾、万方、玖龙、协鑫、长江石化等码头泊位实施扩能改造，对华能煤炭、武港码头、润禾码头等实施抢护工程。

（一）武港码头改扩建工程　武港码头由宁波舟山港股份有限公司、武汉钢铁有限公司两家大型企业集团共同投资建设，总投资27.63亿元，分三期建设。一期工程于2007年9月20日开工建设，2008年12月30日投入试生产运营。二期工程于2011年11月开工建设，2013年1月通过竣工验收，投入试生产运营。为了不断加强自身生产能力建设，巩固铁矿石长江第一港地位，提升装卸效率，减少船舶待泊时间，三期工程于2013年5月30日开工建设，新增29.6万平方米堆场，增加堆存能力158.3万吨，并在卸船码头增设1台卸船机，堆场新增2台堆取料机以及相应配套系统。2014年底1台卸船机和2幅堆场建成投产，整个工程于2015年底全部建成投产。码头共拥有减载靠泊20万吨级和减载靠泊15万吨级矿石卸船泊位各1个，最大能减载靠泊25万吨级船舶；卸船码头配备了6台桥式抓斗卸船机，每台时效2250吨；拥有5000吨装船泊位4个，最大可靠泊1.5万吨级船舶作业，拥有2000吨装船泊位4个；堆场配备6台斗轮堆取料机，每台时效5000吨。堆场总面积44万平方米，总堆存能力达到420万吨，年卸船能力达到2500万吨以上，最大作业能力达每小时6000吨，比改造前提升20%。单船平均作业时间缩短1.5至2小时，有效缓解了卸船能力不足的问题，大幅提高了装卸效率，为巩固长江沿线能力最大的铁矿石中转码头奠定了坚实的基础。

（二）阳鸿石化码头泊位扩建　太仓阳鸿石化码头隶属广东宏川智慧物流股份有限公司，建于2005年5月，2009年4月投入使用，总投资9亿元，共拥有储罐77座，总罐容达60.6万立方米，主要经营液体化工品及各种石油制品的仓储业务。为增加港口液体化工品吞吐量，2016年，阳鸿石化公司实施扩建码头泊位，以适应市场运输需要。该项目总投资9891万元，建设4个1000吨级液体化工品泊位，双侧靠泊，码头总长度335米，宽度25米，设计年通过能力157万吨。扩建后共拥有储罐77座，总罐容达60.6万立方米。8万吨级石化专用码头1座，总长390米，水深—14.05米，有8个石化专用泊位，码头设计年吞吐量能力达到700万吨，是甲醇、乙二醇期货指定交割仓乃至长江流域最大的液体化工码头仓储企业之一，也是全国最大的甲醇仓储基地和郑州商品交易所定点甲醇期货交割库及大连商品交易所乙二醇期货交割库。如今，公司已发展成为华东甚至全国知名的液化码头仓储企业，2022年，实现营业收入超3.13亿元，税收总额5100万元。

（三）玖龙件杂货码头泊位改造　该项目由玖龙纸业（太仓）有限公司投资1.4亿元，主要将一个3万吨级和一个5千吨级件杂货泊位改扩建为一个3万吨级集装箱泊位，设计年通过能力30万标箱。2019年开工建设，2020年竣工，2022年集装箱化改造结束进入试验性生产，木片中转项目开工建设。

（四）长江石化1号泊位改造　长江石化码头始建于1992年，由大庆石油管理局有限公司、南通阳鸿石化储运有限公司、大庆榆树林油田开发有限责任公司、上海燃气（集团）有限公司、香港巴拉歌发展有限公司5家企业共同出资建设，1993年8月竣工验收。码头建设一个1.5万吨级的石化码头和4.1万立方米石油储罐。

为了进一步提升吞吐能力，2016年2月对1号、2号靠船墩通过增加桩基和扩大墩台进行改造，并更换原船墩上的两鼓一板鼓形橡胶护舷，同时在7号、8号系揽墩上分别增设17米高消防炮塔1座，艏艉系缆墩上系船柱更换快速脱缆钩，作业区通信增加靠泊辅助系统、缆绳张力监测系统、作业环境监测系统、溢油监测报警系统设施。2016年8月竣工，改造后适应8万吨级石化产品船舶靠泊需求，年吞吐能力由原95万吨提升至162万吨。同时，长江石化码头投资5000万元，按照环保、安全有关要求，对原3万吨级（省厅核定为5万吨级）1号泊位进行规范提升。目前，共有石油化工专用码头7座，其中：8万吨级码头1座，5万吨级码头1座，5千吨级码头1座，3千吨级双泊位码头1座，1千吨级双泊位码头1座，年吞吐能力达450万吨。储罐区建有500—10000立方米大小储罐74座，总容量40.2万立方米。采用SCADA等系统实现了对罐区、码头的生产工艺、消防系统、雨污水系统、可燃气体报警系统进行全方位监控管理。建有现代化的化验、计量监控系统和完备的发货分流系统，并建有完善的污水处理、电力及消防等辅助设施，已成为华东地区最大的甲醇、乙二醇仓储物流基地之一。

（五）万方码头改造工程　2008年6月，宁波港与鲁能德源签约收购"万方（太仓）开发建设有限公司"，2009年2月完成公司股权变更，更名太仓万方国际码头有限公司，2010年3月30日正式开港试投产，主要经营以砂石为主要基础货源，以及木材、钢材等件杂货。公司以砂石为主要基础货源，木材、钢材等件杂货为补充货源的发展模式，加快向2000万吨级码头新目标挺进，打造长三角地区最大的现代化砂石集散交易中心。积极推进"网格化""目视化"管理，提高现场定置化管理水平；研发WFTOS系统，谋划全流程自动化提取数据，以供应链网络为核心，构建"互联网＋砂石"综合交易平台，全面优化砂石装卸流程化管理，实现生产向集约化、科技化方向转变；严格落实砂石码头环保要求，以低碳循环、节约资源、污染防治为主要内容，严控粉尘污水排放，有力推动智慧港口和绿色港口建设。

为了满足砂石运输装卸需要，2021年3月，对增加砂石装卸工艺改造项目码头进行装卸工艺改造，当年开工建设并建成投用。目前，码头已建成可靠泊7万吨万吨级泊位4个，前沿水深—13.2米，5000吨级泊位208米，前沿水深—5.3米。配有1800t/h卸船机2台，1800t/h、3600t/h装船机各1台，门座式起重机5台，国际先进利勃海尔曲臂抓料机4台，年货物吞吐量能力达1830万吨，成为长三角地区最大的现代化砂石集散交易中心。

（六）华能电厂码头扩建工程　2018年实施3号泊位扩建，该泊位长度52米，为1000吨件杂货泊位。

（七）集装箱三期工程　2022年集装箱三期9—10号泊位完成提量升级，集装箱三期尾留81米岸线开工建设。

截至2022年，太仓港共建成19个码头，其中公用码头14家，即扬子江海工码头、鑫海码头、美锦码头、万方码头、润禾码头、武港码头、华能储运码头、华能电厂码头、太仓国际集装箱码头、现代货箱码头、上港正和码头、正和兴港码头、海通汽车滚装码头、集装箱四期码头；自用码头5家，即玖龙码头、协鑫电厂码头、长江石化码头、美孚码头、阳鸿石化码头。全港共有泊位96个，比2012年增加了

30 个，其中万吨级以上泊位 40 个，集装箱泊位 14 个，综合通过能力 635 万标箱、1.79 亿吨，分别比 2012 年增长 46%、65%。

第三节　港口运营

一、港航组织

（一）强化经营主体　2011 年，港口管委会组建了太仓港港务集团有限公司和太仓港集装箱海运有限公司两大经营主体。

2011 年，由江苏、苏州、太仓三级政府共同出资成立太仓港港务集团有限公司，2017 年划归江苏省港口集团有限公司。集团公司成立以来，拥有总资产 60 多亿元，16 家全资（控股 / 参股）子公司，承担集装箱、投资建设、港口物流、港口服务四大板块业务，集港务工程、码头运营、航线开发、资产管理、增值服务、商贸物流于一体，成为太仓港开发建设的生力军。先后投资建设完成太仓港三期码头、太仓港查验中心、太仓港四期工程等多个项目。开辟近洋航线 12 条 64 班、内贸航线 4 条 41 班、长江运河支线近百条；建成集装箱码头泊位数 8 个（含四期 4 个），设计吞吐能力 400 万标箱。全资成立太仓港正和兴港集装箱码头有限公司，经营以内贸干线、近洋航线及内支线为主；与上海港合作控股成立太仓正和国际集装箱码头有限公司，经营近洋航线及"沪太通"为主；参股公司苏州现代货箱码头有限公司，经营以内贸干线、近洋航线及内支线为主；太仓港四期码头于 2021 年 7 月正式投入试运营，集装箱五期项目正在规划中。2021 年完成集装箱吞吐量 342.6 万标箱，完成营收 61688 万元，完成利润总额 9941 万元，缴税达 4485.66 万元。先后荣获江苏省交通建设有功集体、全省交通运输行业精神文明建设先进集体、苏州市劳动关系和谐企业、太仓市企业文化建设"标杆单位"等多项荣誉。

2013 年，太仓港集装箱海运公司加大投入，船队规模由 5 艘扩大至 7 艘，并将 4 艘 400 标箱左右船型更换至 1100 标箱船型，总舱位增加 75%，全年完成运量达到了 23 万标箱。创新开展中日国际集装箱甩挂运输，做大日本高精尖仪器设备进口海运业务，该业务已占全国市场份额的 80%。2016 年，太仓海运船队配置更趋合理，共经营 11 条外贸航线，其中日本航线 8 条、韩国航线 2 条、东南亚航线 1 条，各航线均为每周 1 班，覆盖日韩、东南亚等近 15 个主要港口，国内长江流域、沿海及内河 32 个港口。公司深耕长三角,以长江黄金水道为轴线,将揽货网络延伸至重庆、武汉、长沙、南京等地;以内河为拓展,加大对京津冀、苏北地区货物揽取力度;通过外贸航线挂靠和揽货站点建设,推动常州、张家港、南通、徐州、宿迁等港口发展。经过十多年的发展,太仓港集装箱海运有限公司跃升为全球班轮运力百强企业,稳定保持在全球集装箱班轮公司 60 位左右,带动社会船公司进入太仓港,为太仓港建设近洋直达集散中心发挥了重要作用。

(二)构建合作联盟 按照"稳定长江、做大沿海、做精近洋、突破远洋"的总体要求,加强与航运企业合作,不断拓展和提升太仓港航线网络体系。

1. 近洋航线合作联盟。积极与上海海华轮船有限公司、新海丰集装箱运输有限公司以及苏州下关轮渡株式会社合作,开辟日本航线,与上海锦江轮船有限公司、苏州华航物流有限公司等开辟东南亚、台湾航线。

2. 沿海内贸航线合作联盟。积极争取上海泛亚航运有限公司、上海中谷物流股份有限公司、信风海运物流有限公司、上海君安海运股份有限公司、上海合德国际物流有限公司等扩大内贸航线运力,打造沿海精品航线。

3. 长江(内河)支线合作联盟。加大与上海泛亚海运有限公司、上海华洋国际物流有限公司、上海锦钰物流有限公司、太仓港正和物流有限公司、江苏恒隆物流有限公司和重庆长江轮船公司、重庆浩航船务有限公司、重庆太平洋国际物流有限公司、重庆锦海捷亚国际货运有限公司、重庆集海航运有限责任公司、重庆新长丰国际物流有限公司、重庆民生轮船股份有限公司以及武汉长伟国际航运实业有限公司合作力度,加密长江中上游支线,全力推进与长江沿线主要港口建立战略合作,开辟点对点和"五定"班轮支线,加快推动长江流域货物向太仓港集聚。同时,开辟苏州工业园区、苏州高新区、吴淞江、无锡石塘湾等苏南内河支线,加密浙北、苏北内河支线。

4. 外贸内支线合作联盟。积极深化与上海泛亚航运有限公司、中国上海外轮代理有限公司、上港集团长江港口物流有限公司、中集凯通物流发展有限公司、中国外运成绩有限公司、江苏恒隆物流有限公司、江苏众诚国际物流有限公司、江苏远洋运输有限公司以及太仓快航平台合作,共同经营洋山支线,将重庆、武汉、长沙、九江等长江中上游地区外贸集装箱调整至太仓港集拼,再通过太仓快航转至洋山港。同时,与上海泛亚航运有限公司、上港集团长江港口物流有限公司、中国凯通物流发展有限公司、江苏恒隆物流有限公司、江苏远洋运输有限公司、江苏众诚国际物流有限公司进行深度合作，打造外高桥精品航线，并与宁波远洋运输有限公司合作，开辟太仓—宁波的航线。

（三）织密航线网络　积极构建布局合理、网络完善的货源组织和航线航班体系，全力推进近洋干线、内贸干线、洋山快线、长江（内河）支线同步发展，形成苏南、长江（运河）沿线近洋和内贸货物在太仓港直接出海，远洋货物在太仓港直接或中转洋山港、宁波港出海的运输格局，提升集装箱运输服务水平。

1. 近洋航线。太仓港日本航线已达每周7班，直达日本8个主要港口，业务辐射日本全境。2014年，新辟和加密近洋航线7条，全港近洋航线总数增至17条，其中日本航线增至每天2班。2015年，新辟和加密近洋航线3条，总数增至20条，日本航线增至每周16班，台湾航线增至每周3班，成为特色精品航线，其中日本航线延伸到了南京港、舟山港。2016年，新辟东南亚等近洋航线3条，近洋航线总数增至22条，覆盖范围增加到近洋8个国家（地区）、22个港口，实现近洋港口全覆盖，顺利完成了省委省政府下达的建成近洋直达集散中心目标。日本航线形成每周18班特色且出口持续爆舱，东南亚航线出口装载率快速提升运营趋稳。2017年，新开俄罗斯东方港、韩国仁川港2条近洋航线，增加日本东南亚航线运力，近洋航线总数增加到24条。2018年，新辟东南亚航线2条，增加日本关西航线运力，并加挂日本仙台，近洋航线总数增至25条（班），覆盖21世纪海上丝绸之路近洋国家和地区23个港口。2019年，新辟香港港和越南海防港班轮航线。2020年，新辟3条近洋航线。2021年，新辟俄罗斯海参崴、东方港等集装箱班轮航线，近洋航线总数增至30条，国际航线覆盖RCEP协议签订国家和地区22个主要港口。2022年新开3条外贸干线，宁波远洋开辟了东南亚线、太仓港海运加密泰越线、卡利普索航运开印尼线。

2. 内贸干线。2013年，新辟内贸干线5条；2014年，新辟和加密内贸干线4条，全港内贸干线总数增至40条，挂靠沿海主要港口增至17个。2015年，新辟和加密内贸干线4条，总数增至44条，覆盖沿海主要港口增至20个，南方航线增至每天2.5班。2016年，新辟内贸干线4条，航线总数增至45条，覆盖范围增加到沿海20个主要港口。2017年，新辟锦州、葫芦岛2条内贸干线，加密珠海、深圳、泉州、厦门、虎门等港口航线，内贸航线总数增加到47条。2018年，新辟内贸航线4条，其中泛亚航运开辟天津黄骅、海口湛江航线，安通物流开辟营口线，君安航运开辟虎门锦州线，中谷海运增加黄埔、营口航线运力各1条船，郁州海运恢复泉州航线，泛亚航运、中谷物流在太仓港完成箱量超百万标箱，内贸干线总数增至52条（班），覆盖沿海21个港口。2019年，新辟锦州港和唐山港班轮航线，加密至虎门港和广州港航线运力，打造形成至营口港、广州港和虎门港精品航线；2020年，新辟1条内贸航线航班；2021年，新辟天津、钦州等内贸干线，国内航线总数增至51条，覆盖16个省市70个港口。优化调整内贸航线布局，提升干支线衔接效率，内贸枢纽港地位进一步巩固。

3. 长江（运河）支线。2013年，新辟长江支线1条，全港航线总数已达114条，共有25个省（市、区）2533家进出口企业从太仓港走货，比上年同期增加2个省（市、区）、近300家进出口企业。2014年，新辟长江（运河）支线32条，网络覆盖沿江和内河港口增至35个。全年新辟和加密集装箱航线57条，全港航线总数增至168条。2015年，新辟盐城港、泗阳港运河支线2条，长江（运河）支线总数增至73条，全港航线总数增至177条。2016年，新辟6条长江（内河）支线，总数增至76条，覆盖范围增加到沿江和内河48个港口，长江水运集散能力进一步提升。全港航线总数增加至183条。2017年，新辟芜湖、南昌、宿迁、徐州、宜兴等5条长江内河支线，加密重庆、武汉、南京等长江支线，向太仓港喂给的长江内河港口数量增加到50个。全港航线总数增至191条。2018年，新辟长江内河支线3条，泛亚航运开辟大丰沿海支线，加强与江西、安徽、浙江港航企业合作，开辟南昌、富阳、泰州4条点对点支线，增加武汉、芜湖、嘉兴等支线运力，长江（内河）支线总数增至83条（班），覆盖长江经济带50个港口。全港航线总数增加至200条。2019年，新增2条（班）重庆调头支线，内河支线快速拓展，辐射范围向北延伸至河南周口、安徽蚌埠，向西拓展至苏州园区和高新区、常州金坛港，向南延伸至浙江上虞，加密至宿迁、盐城、宜兴支线。全港航线总数达209条（班）。2020年，新辟2条长江内河支线，重庆驳船公司增加以太仓港为目的港的重庆调头支线密度，南京以下支线驳船联盟全面在太仓港中转。全年新辟航线6条，航线总数净增2条、达到211条（班）。2021年，新增姜堰、阜宁、射阳等内河网点，协调建立通航保障机制，新辟"苏太快航"，将太仓港功能前移至苏州园区港、苏州高新区港，为苏州腹地企业提供"江河联运"新通道。全港箱航线总数增至216条，基本形成以近洋直达为主、远洋中转为支撑和沿海全覆盖、长江全通达、内河全联通的国内国际大循环航线格局。2022年新开长江内河支线2条，即太仓港至湖州支线，恒裕达、潮平航运开辟加密至苏州工业园区天天班内河支线。

4.洋山支线。2013年以来，洋山支线（太仓快航）稳定运营，业务量保持较快增长。2018年，加强与上海港和宁波港合作，提升洋山支线服务水平，"沪太通"模式走货量实现翻番，新辟宁波支线。

截至2022年底，全港航线总数217条，比2012年增加了104条。其中：近洋航线31条，直达日本、韩国、台湾、越南、泰国等近洋国家和地区24个港口；远洋中转41条，沿海内贸51条，实现沿海17个主要港口全覆盖；长江（内河）支线94条，覆盖北至河南周口、南达浙江上虞、西至四川泸州的长江（内河）50个港口。

二、政策支持

积极向上争取，对接上海港和自贸区政策，不断完善口岸服务环境，构建与腹地货物运输需求、与现代化港口运输效率相匹配的便捷、高效的对外开放服务体系，全面提升口岸对港口的服务支撑作用。

（一）"沿海港口管理"政策 2013年，财政部、国家发改委和交通运输部同意，自2013年1月1日起太仓港作为沿海港口管理，并执行相关的行政事业性收费政策；争取交通运输部同意，自2013年11月1日起悬挂五星红旗的海轮无需申请引航就可自主进出太仓港。太仓港成为国内第一个全面实现海港化管理的内河港口。

（二）"启运港"退税政策 2014年，国家税务总局、财政部、海关总署联合发文，同意在太仓港试点实施"启运港"退税政策，太仓港有11家企业核准从事启运港至离境港之间的运输，有38条驳船符合退税政策。今后出口企业从江苏太仓港发往上海洋山港中转至境外的出口货物，一经确认离开启运港，即被视同出口并可办理退税，最快当天即可从海关获得退税证明联。这一模式对比原来陆地直拖到洋山港模式可节约成本200—400元/标箱，启运港政策"红利"正式落地。2018年1月8日，财政部、海关总署、税务总局颁发了《关于完善启运港退税政策的通知》，明确了对符合条件的出口企业从启运地口岸启运报关出口，由符合条件的运输企业承运，从水路转关直航或经停指定口岸，自离境地口岸离境的集装箱货物，实行启运港退税政策。对从经停港报关出口、由符合条件的运输企业途中加装的集装箱货物，符合前款规定的运输方式、离境地点要求的，以经停港作为货物的启运港，也实行启运港退税政策，从而进一步优化启运港退税政策体系和操作流程，扩大政策成效。

（三）"单一窗口"试点政策 2015年7月7日，江苏省政府办公厅专门下发文件，推进全省口岸管理部门实现"三互"，即信息互换、监管互认、执法互助，推进"单一窗口"建设，明确把太仓港列为"单一窗口"试点口岸，支持其整合现有监管资源，实现共享共用。实行"单一窗口"之后，太仓口岸"单一窗口"信息技术平台依托太仓港数据信息中心，从企业办理一般贸易货物进出口、国际船舶靠离港这两项业务入手，建立南京海关、江苏出入境检验检疫局、江苏海事局、江苏边防总队数据交换通道，实现货物和船舶数据无缝对接、互联互通。这就变"多部门执法"为"一口对外"，提高通关效率，降低口岸企业经营成本。

（四）"先查验、后装箱"政策 2017年初，太仓港积极争取南京海关、太仓海关支持，经过调研论证、场地建设、企业引进、系统编制、运行推演等大量准备工作，于3月28日，先行开展进口拆箱业务，12月22日，太仓港正和兴港码头一票拼箱出口货物顺利完成查验装箱操作出口至日本，顺利完成了全省第一票与国际接轨的"先查验后装箱"拼箱业务，标志着太仓港"外贸拆拼箱先查验后装箱"政策全部落地。"先查验后装箱"是目前国际先进的拆拼箱监管模式，这种模式是指在海关批准的监管场所内，对拟进出口的货物先行查验，然后装箱，直接上船，从而既提高了查验效率，又降低了进出口企业的物流成本。

（五）"集装箱发展"鼓励政策 2017—2022年，港口管委会制定出台了《太仓港集装箱联合作业实施办法》和《太仓港集装箱发展若干政策》，对航线开辟、货源组织、箱量规模、特别贡献以及免费锚泊、联合作业等方面明确了具体奖励办法，激发港航企业开辟航线、增加箱量、集聚货源的积极性，推进太仓港集装箱高质量发展。

三、创新监管

（一）推进信用体系建设 该体系以信用为基础、信息为支撑，全面融合"船、港、货、人"信息，涵盖船舶、码头、船员、代理、货主、港口辅助作业单位等水上安全六大核心要素，分别制定了《太仓港安全诚信一体化管理建设方案》《码头企业安全生产与污染防治诚信评价标准》《太仓港码头安全生产与污染物防治诚信管理实施细则》《太仓港辅助作业单位安全诚信管理实施细则》等政策性文件，对到港内贸运营船舶、码头企业、代理机构货主以及从事拖轮、船员接收、污染物接收等船舶服务单位制定安全诚信评价标准，根据技术状况、安全与防污染管理等评估结果，对船舶实行差异性管理。

（二）落实守信激励措施　树立诚信典型，优先推荐市场主体采购其服务，优先推荐相关先进评比、荣誉表彰，优先安排财政资金补贴、政策扶持。同时，发出《太仓港国际航行船舶代理守信联合激励和失信联合惩戒的通告》和《关于对货主及货运代理机构实施失信联合惩戒的通告》，对码头未实施或落实选船机制不到位的，未落实船舶污染接收处置、防止船舶出港超载、船舶岸电使用等方面责任的，给予失信记分。设立"红""黑"名单，在码头开放、项目准入、行政许可、靠泊船舶现场检查以及进港船舶吃水等方面实施 A、B、C 分级管理。从而对守法经营有巨大的激励，对一些不正当竞争的现象予以严厉打击惩戒，构建了"信用全链条，管理全过程，责任全链接，选船全覆盖，惩戒全联合"的高效有机融合监管机制。

（三）建设监管考核平台　港口管委会、海事局与港 17 家码头单位共同签订太仓港安全诚信一体化管理公约，各码头积极组织全体职工签订信用交通守信承诺书，广泛开展信用交通宣传学习教育活动，让诚实守信的意识和理念深入人心。为顺利开展安全诚信一体化管理考核，在太仓海事、太仓港口管委会和各港航企业的不懈努力下，港航信息一站式申报平台应运而生，实现了船舶信息共享"捏拢"的第一步。一条船进港，只要通过"港航信息一站式申报平台"申报船舶动态、货物、人员等信息，再由平台将这些信息统一推送到码头生产作业系统和港口、海事等相关单位的信息系统，实现船舶进港信息共享。同时，码头选船联盟通过太仓港选船系统进行选船操作评估。该系统通过江苏海事局数据中心对接海事行政处罚、事故统计、船舶安全监督等系统，自动获取船舶基础信息、船舶风险等级等基本信息和海事监管领域红黑名单、船舶突出违法行为、事故、重点跟踪等信用信息，船舶在系统里申报证书和正面信息，码头在系统里录入在港作业船舶违规信息，由此，完成一条船的完整"信用画像"拼接。选船由原来的人工比对实现了智能比对，选船评估过程从 14 天缩短为 3 天，获取的信息也更为全面准确。通过"港航信息一站式申报平台""港航综合调度服务平台"掌握"船、港、货、人"等信用主体动态，为海事、港口、海关、边防、码头等实施联合激励惩戒机制提供了基本条件。太仓港选船系统与港航综合调度服务系统衔接，港航港综合调度服务系统直接执行"优先安排 A 类船舶作业"的激励措施和"拒绝 C 类船舶进港作业"的惩戒措施。通过信息化系统执行守信激励和失信惩戒措施，可确保全港执行力度标准统一，真正做到"让诚信守法者畅通无阻，失信违法者寸步难行"。实施安全诚信一体化管理之后，2020 年 890 余家企业、300 艘船舶因诚信受到激励，320 余艘 C 类船舶被拒绝进港作业，进港作业船舶险情事故同比减少 75%，港口整体周转效率提升 30%。

四、物流模式

（一）江海联运　太仓港主动融入上海国际航运中心分工，共同推进长江战略，加强与长江上游港口合作，建立江海中转功能平台，开辟每 8 小时 1 班至洋山港五定"太仓快航"，全力推动更多苏南本地货物"陆改水"，推动长江中上游地区外贸集装箱集并太仓港，每年增加吞吐量超 60 万标箱，有效增强了发展动力，提升了发展空间。特别是在 2021 年开始，上海港首次与太仓港共同联手出台补贴政策，共同引导长江中上游和浙北内河集装箱在太仓港集并，重庆 9 家长江支线班轮以及安吉内河支线驳船均在太仓港实现了调头集并，推动江海中转箱量达到 373 万标箱、同比增长 33%。同时，与南京港和张家港合作分别开辟"宁太穿巴"和"张太穿巴"，为快速提升太仓港集装箱吞吐量和增幅率做出重大贡献。推进江海转运，不仅大幅度增加了集装箱吞吐量，而且降低集装箱物流成本（一个标准集装箱，相比通过货车从苏州高新区运输到洋山港装船出海，从太仓港装船，再转运至洋山港，运输成本可以节省 200 元。如果直接从太仓港装船出海，运输成本可以节省 400 元左右），增强了港口的综合竞争力。

（二）多式联运　加快苏南内河集疏运体系建设，引导和促进苏南、苏北地区货物通过内河来太仓港中转，培育形成独具特色的江海河联运系统，集聚长江经济带箱源；充分发挥无水港双重甩挂成本优势，进一步提高无水港双重运输比率。扩大对日、对韩物流贸易，积极申报建设中日国际海陆联运、中韩陆海联运试点港口，充分发挥甩挂运输和滚装运输的组合效应，完善台湾—太仓港—"苏满欧"海铁联运新模式，积极发展日本和韩国—太仓港—"苏满欧"海铁联运新业务。充分利用沪通铁路太仓港专用线，大力发展集装箱海铁联运业务，开拓面向丝绸之路经济带的"五定班列"，通过虹桥枢纽中心，全面建成"公水铁"多式联运全链条交通物流大格局。

（三）区港联动　"区港联动"是太仓港转变发展方式的重要路径，"十二五"时期，先后赴常州、宿迁、淮安、泰州、扬州召开"区港联动、虚拟口岸"推介会，把太仓港的港口功能延伸到苏南、苏北地区进出口企业的家门口，形成周边腹地与太仓港口物流的深度融合与无缝对接，同时将口岸功能引入内陆海关监管场所和区域，实现一次报关、一次查验、一次放行。积极争取苏州市政府和有关方面支持，分别在苏州工业园区、高新区和昆山开发区成立三个服务中心，加强宣传推介和揽货，又在三个地区设立"无水港"，将港口功能搬到内陆，为企业订舱、提还箱和通关提供便利。与长江中上游及京杭运河沿线港口企业开展战略合作，辐射范围进一步向全省及长江中上游地区拓展，至"十三五"期末，太仓港"区港联动、虚拟口岸"快速通关模式已覆盖苏南地区，并延伸至扬州、淮安、徐州等地区。

（四）特色物流　充分发挥口岸资质、码头资源、航线资源优势，加快营造多货种并举的物流特色。一方面做大常规货种规模，致力打造以煤炭、钢铁、木材、铁矿石、化工原料、石油天然气为主的物流基地，2022年，太仓港煤炭及制品吞吐量达到5303.96万吨，石油天然气及制品吞吐量达到389.28万吨，钢铁365.49万吨，木材吞吐量达到414.95万吨，化工原料及制品吞吐量达到793.06万吨，金属矿石吞吐量达到6971.06万吨，机械、设备、电器吞吐量达到493.19万吨，进口商品吞吐量达到14299.84万吨。其中木材进口成为全国第一大港，进口铁矿石成为长江沿线第一大港。另一方面，大力推进进口水果、进口肉类、进口粮食、进口食用水生动植物、进口化妆品、滚装汽车等新兴货种运营，进一步拓展口岸功能。特别是海通太仓汽车滚装码头的运营，将成为华东地区最大的内贸汽车物流基地。

五、运量实绩

（一）进出港货物

2013年，完成集装箱吞吐量326.7万标箱、货物吞吐量1.3亿吨，同口径增长12%和15%。大宗货物吞吐量均保持两位数增长，其中铁矿石吞吐量突破4500万吨，木材吞吐量突破600万立方，均创历史新高，成为全国进口木材第一大港。2014年，完成吞吐量305.7万标箱、货物吞吐量1.57亿吨，同口径分别增长40.9%和32.5%。特色货种运量快速增长，全年完成铁矿石吞吐量5300万吨，木材进口量840万立方，第一大港地位得到巩固提升。2015年，完成集装箱吞吐量超370万标箱，增长21%，增幅居全国沿海主要港口第一；完成货物吞吐量超2亿吨，增长30%，实现四年翻番，增幅居全国主要港口第一。完成外贸集装箱吞吐量153万标箱，增长41%，外贸货物吞吐量6680万吨，增长25%，首次跃升为长江外贸第一大港。2016年，完成集装箱吞吐量408.1万标箱，货物吞吐量2.3亿吨，同比分别增长10.1%和13%，增幅居全国主要港口前列，货物吞吐量跃居全省第二位，集装箱吞吐量实现三年翻番。2017年，完成集装箱吞吐量451万标箱、货物吞吐量 2.5 亿吨，占全省集装箱吞吐量的 50%。2018 年，集装箱吞吐量突破 500 万标箱、完成 507.1 万标箱，同比增长 12.4%，排名跃居全省第一位、全国第十位，增量约占全省规模以上港口总增量的 70%，增幅列全国十强港口第一位。完成货物吞吐量 2.29 亿吨，同口径同比增长 6.36%。2019 年，完成集装箱吞吐量 515.2 万标箱，同比增长 1.6%，继续位居长江和全省第一位、全国第十位；完成货物吞吐量 2.16 亿吨。2020 年，集装箱吞吐量完成 521.2 万标箱，同比增长 1.2%，位居全省第一，并且跃居全国第九位；货物吞吐量完成 2.16 亿吨，同比增长 0.1%。2021 年，集装箱吞吐量完成 703.8 万标箱，跃居全国第八，全球第 25 位，同比增长 35%、增速居全国前列；货物吞吐量完成 2.43 亿吨，同比增长 14.3%。2022 年，太仓港集装箱和货物吞吐量继续保持快速增长，分别完成 802.6 万标箱和 2.66 亿吨，同创港口建设 30 年来历史新高，同比分别增长 14%、9.2%，其中内外贸集装箱吞吐量分别完成 323 万标箱、479.6 万标箱，同比分别增长 1.3% 和 24.3%。

（二）进出船舶人员

2013 年，进出太仓港船舶 69441 艘次，同比增长 24.94%；进出境人员 80670 人次，同比增长 14.3%，内贸船舶申请引航同比减少 57%，征收船舶港务费同比下降 33%，20 万吨级超大型船舶已实现常态化进出。2014 年，海港化政策效应得到进一步放大，全年进出港船舶 74809 艘次，增长 19.6%；250 米以上船舶 573 艘次，增长 12%；进出境人员 87598 人次，增长 11.9%。进出口货物持续增长，完成外贸进出口总额 137 亿美元，增长 7.2%；检验检疫进口货值 66.1 亿美元，增长 4.8%。2015 年，完成海关监管进出口货值 224 亿美元，增长 0.7%；出入境货物检验检疫 3.5 万批次，增长 6%；进出港船舶 9.8 万艘次，增长 20%；引领超大型船舶 2300 艘次，增长 27%；进出境人员 9.7 万人次，增长 9%。2016 年，完成海关监管进出口货物、集装箱量、海关税收分别增长 26%、8% 和 8%；出入境货物检验检疫批次增长 1.4%；进出港国际航行船舶增长 21%；引领超大型船舶增长 19%；进出境人员增长 15%。2017 年，进出港船舶 10.6 万艘次；海关监管货值 238.3 亿美元。2018 年，进出港船舶 11.9 万艘次，同比增长 12.2%；进出境人员 7.4 万人次，同比增长 1.8%；通过高速公路进出港集卡 49.7 万车次，同比增长 15.6%；海关监管货值 289.34 亿美元，同比增长 21.4%。特色运输业务快速发展，进口食用水生动物、进口水果、进口奶粉等特色货种进口量同比分别增长 189%、193% 和 169%，成为华东地区进口食用水生动物第一大口岸、全省进口水果第一大口岸。

2019 年，进出港船舶 11.78 万艘次，与上年基本持平；进出境人员 7.4 万人次，同比增长 0.33%；通过高速公路进出港集卡 48.4 万车次，同比增长 20%。2020 年，进出港船舶近 14 万艘次，出入境（港）人员超 12 万人次，进出港集卡 222.5 万辆次，海关监管货值 280 亿美元。2021 年，进出港船舶近 15 万艘次，出入境人员 12.6 万人次，进出港集卡 272.9 万辆次。2022 年，进出港船舶超 16 万艘次，其中外轮超 6963 艘次；全年进港车辆达 215 万辆次；全年开展换班入境 1231 人次、换班出境 1555 人次。

（三）码头经营效益

港口管委会坚持"政府引导支持"和"企业自主经营"的原则，建立集装箱码头综合作业效率考核机制，开展作业效率考核，促进作业效率提升。完善太仓港集装箱码头联合作业政策，提高联合作业箱量标准，扩大联合作业范围。加大服务企业力度，切实帮助解决困难，全力推进初创期"扭亏转盈"和成长期"转型升级"工作，同时鼓励码头企业大胆尝试发展码头以外的业务，发展附加值高的业务，积极探索将业务向产业链两端延伸，做物流全产业链的方案供应商，提供点到点、门到门、全方位高效便捷的优质服务，不断增强自身竞争力，提升企业经营效益。2013 年，一期码头完成箱量首破 50 万标箱，同比增长 7.2%；二期码头加强内部改革，实现减亏 49%；三期下游码头完成箱量突破 60 万标箱，同比增长 59%，实现主营业务收入 8808 万元，同比增长 33%；美锦码头当年投运即完成吞吐量 538 万吨，为设计吞吐能力的 142%，并实现营收 3677 万元；武港码头实现利润 1.73 亿元，同比增长 28%；万方码头完成吞吐量 671 万吨，同比增长 32%，并实现扭亏为盈。2014 年，太仓海运公司完成运量增长近 10%，一期码头继续保持良好的盈利态势，二期码头营业收入增长 15%，三期上下游码头完成吞吐量实现翻番，武港码头实现利润 2.3 亿元，万方码头实现利润 800 万元，美锦码头 2013 年投运 2014 年即完成吞吐量超 1000 万吨。2015 年，企业经营效益大幅提升，全年港务集团实现营收增长 28%，武港码头实现利润 2.7 亿元，一期码头实现利润 6000 万元，万方码头实现利润 1200 万元，海运公司扭亏实现利润 1120 万元，美锦码头扭亏实现利润 100 万元，上港正和码头和下关轮渡公司实现扭亏为盈，二期码头第二年有望扭亏为盈。2016 年，集装箱码头企业利润增长 3 倍、件杂货和散货码头企业利润增长 2 倍、外贸船公司利润增长 1 倍。2017 年，码头企业经营效益实现大幅提升，全港公用码头实现营收 22 亿元；利润 3.6 亿元，上缴税收 1.6 亿元。其中 4 家集装箱码头首次全部实现盈利。2018 年，码头企业经营效益持续提升，全年 10 家公用码头企业总营收同比增长 7.5%，利润总额同比增长 24.2%，利税总额同比增长 25.2%。2019 年，9 家公用码头企业全部实现盈利，实现营收同比增长 6.6%、利润总额同比增长 22.8%、利税总额同比增长 14.1%、税收总额同比增长 9.3%。物贸主营收入同比增长 30.3%。2020 年，12 家公用码头企业年营收总额和利润总额分别达到 24.9 亿元和 4.3 亿元。2021 年，12 家公用码头企业全部实现盈利，营收、利润总额、利税总额、税收总额同比分别增长 14%、12%、6%、3.8%。2022 年，12 家公用码头企业年营收总额达到 32.31 亿元，利润总额达到 7.66 亿元，盈利率达到 100%。

第二章　产业发展

第一节　战略举措

一、转型升级

建港初期，在太仓市委确定的"以港兴市"战略指引下，有力推进了临江产业快速发展，至2007年，港区已经形成了石油化工、电力能源、轻工造纸、金属加工、现代物流五大产业体系。2008年，港区提出了"转型升级、跨越发展"的新目标，从此拉开了转型升级的序幕。

在推进转型升级的过程中，积极实施"一龙头、三板块、五基地"的发展战略，并在调整结构、招商引资、项目建设、科技创新方面采取扎实措施，至2012年，转型升级初见成效。石油化工、电力能源、轻工造纸三大传统产业规模持续壮大，全部进入百亿级产业基地行列。新能源、新材料、新装备三大新兴产业快速聚集，形成了世界500强企业、中央企业、美资企业三大企业集群，实现工业总产值736亿元，占全市30%以上。2013年，市委提出港区要成为"以港兴市先行军、产业发展主战场、城市建设新空间、创新引领实践区"的要求，港区全力推进"三大"发展战略，即主攻大项目，培育大企业，打造大产业，争取工业投入与产出增量占全市1/2，从而将转型升级推向高潮。

2013年至2022年10年间，港区始终将转型升级作为产业发展主旋律，坚持以"调优结构为重、招商引资为先、项目建设为王、科技创新为本、量质并举为标"作为推进转型的主方向，年年确立新的目标，落实任务措施，从而由调整结构逐步向规模型、高端型、智能型、质效型、生态型全面转型升级，取得了举世瞩目的成绩，为太仓港口经济插上了腾飞的翅膀。

（一）调整结构

1. 实施政策引导。10 年间，围绕转型升级的总体要求，港区实施工业产业投资导向和产业准入政策，严把项目准入关，从源头上控制"两高一资"项目的盲目扩张；在项目审批时对淘汰类、限制类的项目坚持不予立项，对高能耗、高污染的项目在立项前与市有关部门联合进行严格审查；对国家列明和地方区域性工业产能过剩的项目，做好相关政策的宣传解释工作；对高新技术项目开通绿色通道，尽量缩减审批时间，做好项目前后期的衔接工作；对化工项目加大限制力度，凡符合产业政策的单个化工项目提高准入门槛，从而使临港工业项目快速向"高、新、绿"转移。

2. 提升传统产业。10 年间，港区加快传统产业转型升级，华能、协鑫、国华三大电厂投入大量资金，完成脱硫脱硝等环保改造；化工区"一厂一管"投入使用，所有化工企业实施雨水强排，印染企业完成提标改造，长江石化、阳鸿石化完成油气回收系统，关闭淘汰落后小企业（车间）15 家。同时，协鑫电厂拓展供热产业、光伏产业，玖龙纸业拓展包装材料、智能装备，润滑油企业向物流贸易、总部经济延伸，从而将传统产业转变为骨干企业。

3. 发展新兴产业。10 年间，港区加大力度调整产业结构，以新能源、新材料、新装备、新医药以及现代物贸为产业发展重点，先后引进和建设了协鑫切片、奥特斯维电池片、海润电池组件、天顺风电塔筒、扬子江海工、润邦卡哥特科、中集冷箱、新宝谊钢管、宝洁、琪优势、艺康科技、霍尼韦尔、台玻、可耐福、雅本、弘森、大神、盟迪薄膜、建滔半导体、斯凯奇、CJ 荣庆、京东物流、鸣志电器、大族激光、瀚德汽配、德国威尔茨医用设备、瑞典阿凯斯儿童安全座椅、百德医疗器械、瑞杰新材料、京东物流江苏总部、德曼特销售总部、华棉所和化塑汇、扬子三井、苏宁环上海电商产业园等一批重大新兴产业项目，临江工业主导产业基本成型。

4. 完善产业结构。通过产业结构的调整和优化升级，港区形成了"4+4+4+4"产业结构，即以石油化工、电力能源、轻工造纸、金属加工为主导的"四大骨干产业"和以新材料、新能源、新装备、新医药为主导的"四大高新产业"，以港口码头、综保区、物贸园区、电商平台为主导的"四大物贸产业"，以航运经济、专业市场、商贸服务、房地产业为主导的"四大服务产业"，形成具有港口特色的产业发展体系。"十三五"末，港区三次产业结构比例为 2.5∶60.1∶37.4，与"十二五"末的2.2∶75.3∶22.5 相比，第三产业比重提升 14.9 个百分点，高新产业产值占比分别为64.4%，比 2013 年的 46% 提升了 18%。

5. 集聚特色企业。港区瞄准世界 500 强企业，接轨重点地区，对接重点企业，接洽领军人才，借助中介机构、行业组织、落户企业等多方力量，以商引商、招大引强，推进"央企"与"美企"强强联手，鼓励本土企业国际化，吸引了一批大项目相继落户，形成了世界 500 强、中央企业、美资企业三个特色企业集群。同时，港区积极鼓励央企、美企放大自主品牌、自主知识产权、核心技术等优势，上马有行业话语权和市场领军地位的项目，设立研发总部、销售总部、物流总部，参与行业标准制订，向产业链高端拓展，向产业链上下游延伸，持续放大优势，在港区发展中不断提高贡献份额。2022 年，港区 33 家中央企业实现产值 372.54 亿元，上交税收 7.02 亿元，38 家美资企业实现产值 302.95 亿元，上交税收 15.95 亿元。

（二）做大规模

坚持加大投入力度，不断扩大企业规模和经济总量，做大做强产业。2014 年，港区自找压力，毅然提出了确保实现"四个一"的新目标，即工业产值净增 100 亿元、产业项目投入 100 亿元、物流贸易额达到 1000 亿元、工业投入 100 亿元。2015 年，港区把做大总量作为首要任务，把转型创新作为核心动能，港区确定完成工业投入 87 亿元，服务业投入 58 亿元，全力打造三个 500 亿元级产业基地建设（江苏渤海仓储物流太仓基地、苏州天良港粮食现代物流园以及万方二期码头、太仓港四期集装箱码头、海通汽车滚装码头、润禾件杂货码头项目等）和三个 1000 亿元级物贸基地（综保区、电商平台、贸易结算）以及三个 100 亿元级创新基地（博济堂、同高院、生物港）。2016 年，港区确定了到 2020 年末实现千亿制造（规上工业产值超 1000 亿元）、千亿物贸（物流贸易主营收入超 1000 亿元）、百亿税收（全口径财政收入超 100 亿元，公共财政预算收入超 50 亿元）的经济发展目标。2017 年以后，按照实现"三个千亿"的目标，每年进行目标分解，确定预期工业、服务业发展指标，并在招商引资、引进外资、产业投入、开工开业、科技创新、人才培育、营商环境等方面明确了具体任务和措施。

经过 10 年的努力，港区的产业规模不断扩大。一是临港工业总量稳步增长。"十三五"期末，实现工业总产值 838 亿元，工业销售收入 753.8 亿元，均比"十一五"期末增长近 1 倍，分别与转型前的 2007 年相比增长 3.5 倍和 3.1 倍。其中实现规模工业产值 705.47 亿元，较 2007 年的 254 亿元增长 277.83%，年增长率为 13.6%；实现工业利税总额 103.47 亿元，较 2007 年增长 290.65%，年增长率为 14.3%。"十三五"时期，港区经济实现了量的合理增长和质的稳步提升，工业总产值（年均增长 3.7%）、规模工业总产值（年均增长 3.8%）、实际利用外资（年均增长 16.4%）分别超全市平均水平 1.0、0.4、和 6.2 个百分点。全部工业产值突破 1000 亿大关，较"十二五"末增长近两成，122 家列统服务业企业实现营业收入 354.07 亿元，同比增长 32.1%。进入"十四五"时期，港区的工业总量持续增长，2021 年，港区完成规上工业产值 1040.53 亿元，同比增长 21.7%，实现规上工业产值首次突破千亿元。2022 年，实现规上工业产值 1101 亿元，同比增长 5.8%。二是企业规模不断壮大。"十二五"末，港区共有各类工业企业 2800 多家，其中规模以上工业企业总数达到 164 家，销售收入超亿元的企业 68 家，超 10 亿元的 18 家，超 20 亿元的 10 家，超 30 亿元的 5 家，超 65 亿元的 1 家；29 家企业被列为太仓市产品销售收入前百家工业企业，占全市总数的 29%；有 26 家企业被列为太仓市实现利税前百家工业企业，占全市总数的 26%；有 30 家企业被列为太仓市固定资产净值前百家工业企业，占全市总数的 30%。"十三五"末，港区规模工业企业产值超 100 亿元的企业 1 家；年产值 50 亿至 100 亿的 2 家，年产值 20 亿元至 50 亿的 10 家，年产值 10 亿元至 20 亿元的 7 家。三是固定资产投入势头强劲。10 年来，港区累计完成全社会固定资产投资 1192.4 亿元，其中工业投资 600 多亿元。特别是 2013 年至"十三五"末，港区投入态势强劲，全社会固定资产投资年均超 100 亿元，投入强度最大的 2014 年，完成全社会固定资产投资 151.57 亿元，工业投资 85.94 亿元。四是经济总量增长稳定。2013 年，港区实现公共财政预算税收收入 17.12 亿元，增速为 14.9%。2015 年，完成公共财政预算税收收入 21.6 亿元，同比增长 11.2%，占全市份额达到 22.1%。2020 年，港区实现一般公共预算税收收入 29.85 亿元，同比增长 4.1%。2022 年，完成一般公共预算收入 28.33 亿元，其中一般公共预算税收收入 25.52 亿元。

（三）提升质效

1. 提升产业结构现代化。在制造业方面，持续推动产业结构向高端化、智能化、绿色化、规模化转型。以打造产业集群为方向，发展壮大高端装备、功能材料、健康医药三大优势主导产业。重点引进新型能源运输船舶、大功率激光装备、电器设备及核心部件、高端仪器仪表设备、工业自动化和智能装备、高性能光电子制造等项目；引进大健康类项目，植入型、诊断型、再生型医疗器械项目，基因检测、精准治疗、生物制药等医药项目；系统性重构符合产业发展规律、产业链完善的功能材料产业。以招大引强为抓手，布局拓展航空、汽车产业，引进航空智能制造、航空核心零部件以及航空用高性能材料、新能源汽车及关键零部件等项目。壮大以世界500强、中央企业、欧美企业为代表的特色产业集群，构建链接全球、双向开放的现代化临港产业体系。准确把握产业发展方向，加速布局未来产业新赛道，推进新一代信息技术、航空航天、储能等先导产业发展，加快太仓港航空航天产业园、星河动力、易云科技等项目建设。以提质增效为重点，加快电力能源、轻工造纸、石油化工三大传统产业提档升级，提升产业含"绿"量、含"新"量、含"金"量。加快培育规模企业，加速打造沿江具有区域竞争力的先进制造基地。在服务业方面，把港口优势变为发展胜势，依托大港口、构筑大平台、引进大产业，打造转型升级的增长点。把物流通道变为经济廊道，加速贸易沉淀，推动"货值落地、税收入库"。把港口形态变为物贸业态，推动单一物流运输向完整供应链转型，积极培育大宗商品交易平台。引进总仓型、区域总部型项目，着力打造港口航运物流运营中心、大宗商品现货交易中心、知名品牌物贸结算中心、楼宇经济创新创业中心。物贸主营收入提速增长，加速打造长三角具有行业影响力的现代物贸园区。培育京迅递、斯凯奇、中瑞等一批百亿级物贸项目，推动中集、旭川等企业产值突破百亿元，斯凯奇、京东物流江苏总部等企业营收突破百亿元，进一步做大做强"千亿级产业、百亿级企业"。激励引导总部企业在港区精耕细作、扎根发展，着力培育京迅递、斯凯奇、中瑞等一批百亿级物贸项目。着力引进一批总部型、平台型、税源型物贸项目，签约落地夸特纳斯国际集采集配中心、世界500强美妆品牌运营中心、牛卡福华东物贸结算中心等投资超亿美元项目，加快斯凯奇二期、苏宁电商、CJ荣庆、京东健康等重点项目建设，确保海通汽车物流中心、平伊大健康等项目竣工投产。

2. 提升产业园区高端化。2012年，港区已有太仓保税物流中心、新能源产业园、新装备产业园、新材料产业园、中小企业创业园以及化工集中区、华东塑化城、北上海机电五金城等产业载体。2013年，启动建设太仓联东产业综合体一期、太仓生物港一期、华东电子商务产业园、普洛斯物流等产业载体。2014年，太仓生物港一期26000平方米厂房竣工投用，博济科技园首期3000平方米投入使用。同高院先进制造技术研究中心完成公共服务平台板块建设。2015年，对产业园区进行优化规划，明确了南部为新材料科技产业园区，中部为创新区、综保区，北部为智能装备产业园区。同时全力推进欧美创新产业园、新材料科技产业园建设，生物港一期投入运营，引进项目16个，注册公司14个。同高院引进6个产业化项目，另有

10个领军人才项目正在转化，4个实验室正加快建设。2016年，按照"北延、中聚、南提"的载体布局思路，重点打造六个"园中园"：欧美高新技术产业园、健康诊疗产业园、新能源产业园、新材料产业园、重大装备产业园、国际商贸物流园。全力推进生物港二期和同高院二期建设，为集聚创新产业集群提供支撑。2020年，完成了玖龙智能装备产业园一期、生物港二期、江海联运物流园、亿达创智空间、欧美高新技术产业园等产业载体建设，同济科创联（太仓）产业化基地签约落地。2021年，加快欧美产业园二期、玖龙智能装备产业园二期建设，生物港三期主体工程完工。高标准推进太仓港科创园建设，提升同高院、同济科创联、亿达创智空间、东软数字工场等科创载体运营水平，争创国家级科技企业孵化器、国家级知识产权示范园区。2022年，完成了欧美产业园二期、玖龙智能装备产业园二期、生物港三期等产业载体建设。在此基础上全力推进航空制造产业园产业载体建设，初步形成了"统一规划、园中有园、集群发展、规范有序"的产业园区新格局。

3. 提升亩均土地产出率。强化土地利用监管、用地强度控制和集约用地评价，按亩港均投入产出配置土地资源。严格项目把关，提高项目准入门槛，杜绝引入低产出项目。2015年，港区确定亩均固定资产投资强度500万元，规模以上工业产值705亿元，规模以上工业企业人均利税31.1万元。2018年，积极推进资源集约利用，着力提高土地亩均投入产出，明确新引进项目亩均投资强度不低于600万元，未来五年工业企业亩均税收年均提升8个以上百分点。全面梳理落后产能、低效和闲置土地，通过土地收回、退二进三、股权变更、市场嫁接等方式，加快闲置土地的清理处置和低效土地的再开发建设，每年盘活利用低效闲置土地不少于500亩。2022年，突出"亩均产出论英雄"鲜明导向，提高土地资源利用效率，力争用5年时间将港区规上工业企业亩均税收水平翻一番。严把项目准入关口，强化亩均产出控制指标"硬约束"。出台企业资源集约利用评价实施细则，构建与企业亩均产出相挂钩的用能、用水、排放、融资等资源要素激励约束机制。建成资源集约利用综合评价管理系统，对产业用地情况进行全面起底调查，每月监测规上企业亩均税收、亩均销售等数据。严格存量土地和工业厂房转让、拍卖、出租的程序和标准，"三优三保"、拆旧复垦面积900亩以上、规划区内收回低效闲置产业用地500亩以上。

4. 提升智能制造普及率。对标"中国制造2025"国家级示范区创建要求，推进互联网、大数据、云计算等技术与实体经济深度融合，以信息化提升工业化。在机械、轻工造纸等劳动密集型企业，推广关键岗位"机器换人"；在石油化工、功能材料等企业，推广自动化生产线，实现制造流程再造；在海工、重大装备等企业，开展数字化车间建设；大力提升智能化发展水平。2019 年，港区太仓物流园获评省级物流示范园区和省级生产性服务集聚示范区，玖龙纸业荣获国家工信部绿色工厂称号。中集冷藏、北新、天顺获评省级企业技术中心，中集冷藏 3 个产品入选省重点推广应用的新技术新产品目录，中集冷藏入选省级专精特新产品，中建材光电获得省首台重大装备及关键部件企业。中集特箱、依科赛、科法曼、良浦获评苏州市企业技术中心，中集冷藏、中集特箱、润邦获评苏州市工业设计中心，宝洁、奕瑞获评苏州市级示范智能车间，玖龙运输、招商局物流获评苏州市智慧物流示范企业，旭川获评苏州市专精特新示范中小企业，宝洁获评苏州市工业互联网典型应用企业。运通、依科赛、融睿、韦德韦诺获评太仓市企业信用管理贯标，同高、良浦获评太仓市科技小巨人，斯凯奇获总部认定。2020 年，从企业获评情况看，转型升级硕果累累。省级获评：新太酒精获评江苏省绿色工厂；旭川、宝洁获评省级示范智能车间；旭川获评省级科技小巨人；天顺 1 个产品获评省级专精特新产品；隆兴供应链、旭川、澳宏、中广核三角洲、瑞杰包装获评江苏省星级上云企业；依科赛获评省级工程研究中心；旭川、中广核三角洲、雅本、冬青金属共 6 个产品入选省重点推广应用的新技术新产品目录；雅本、中广核三角洲、扬子三井、冬青金属共 8 个产品通过省级新技术新产品鉴定。苏州市级获评：国华发电、玖龙包装、博克、北新获评苏州市级示范智能车间；扬子三井、台玻、娄城新材料、中华环保、博元获评苏州市企业技术中心；隆兴供应链获评企业信用管理示范；泛能拓、博元、台玻、良浦工业、良浦建材获评企业信用管理贯标；协鑫发电获评苏州市工业互联网重点平台；玖龙包装、中广核三角洲获评苏州市工业互联网典型应用企业。太仓市级获评：依科赛、科法曼、中集冷藏、弘森、奕瑞获评太仓市科技小巨人；中化环保、宝洁获评"能效对标"先进企业。在"十四五"期末，计划新增 20 家以上省、市智能工厂（车间）。

5. 提升产业发展绿色化。不断优化产业布局，严格落实长江"1 公里"限制政策，把好项目准入关、选址关。扎实开展化工园区提档升级、"263""331""散乱污"等专项整治和长江环境大整治环保大提升、"三化"等专项行动，关停污染企业、淘汰落后产能、清理非法码头。对化工园区现有 48 家化工生产企业，按照关停一批、转移一批、升级一批、重组一批"四个一批"专项行动的要求，加快实施"一企一策"整治提升方案，并结合太仓港区化工园区安全环保整治提升实施方案细化落实。在企业问题排摸、整改方案编制、问题清单制定的基础上，有序开展整改进展督查、工作成效核验等工作，全面消除重大环境隐患，推动化工产业向上下游关联度强、技术水平高、绿色安全可控方向提升。大力推进循环化改造，推动现有化工产能改造提升，落实第三方环境监管，提升企业节能减排、清洁生产和资源循环利用水平。加快建设企业资源共享管理平台，构筑起企业间资源利用产业链。坚持走绿色低碳循环发展道路，积极发展废弃物综合利用，加快推进节能与循环经济改造项目。

二、招商引资

（一）招商举措

1. 立体招商。港区创新内部招商体制，一方面建立稳定的招商机构，配备得力的专业人员，落实部门责任制，实行目标考核，同时建立内部竞争激励机制，树立全区干部"一切为了项目""服务项目马上办"理念，明确项目"既要高大上，又要高科技"的产业定位。瞄准世界500强、中央企业、行业100强，通过以商引商和第三方招商相结合的借力招商、网络招商和叩门招商相结合的立体招商，加快意向信息的捕捉和在谈项目的转化，积极跟进一批重点意向项目动态，通过狠抓项目转化的形象进度，确保形成有效投入。

2. 联动招商。借助市级招商部门、基金公司等多方面力量，优化各招商团队内部分工，形成内外联动、上下联动、条块联动、前后联动的招商协作机制；建立产业扶持资金，集中人力、物力、财力，支持重大项目转化落户。落细落实"双选优组"、特职特聘、特岗特薪等招商机制，形成岗位有目标、任务有定量、考核有奖惩的闭环管理模式。同时，深化拓展与大行大所、专业机构的战略合作，探索引入高层次产业人才招商模式，打造一支专业化、市场化、国际化的招商队伍。

3. 精细招商。细化"三新一大"产业招商方向，精细化管理项目"洽谈—签约—落户—建设—投产"的全过程。争取一批总投资超100亿元的重点在谈项目早日签约；加快一批总投资超100亿元的计划开工项目的转化；做好一批总投资超100亿元项目的竣工协调工作，鼓励企业进行技改扩建，服务好一批增资扩建项目。提升产业招商精准度，紧扣港区重点产业发展方向，紧盯创新链供应链价值链关键环节，精准开展靶向招商。用好投资热力图、招商云平台，不断放大在谈项目"蓄水池"。发挥创投基金、产业扶持资金功能优势，"以投带引"促进优质项目落地。

4.专题招商。深化大项目招商，着力引进关联度高、辐射力大、有行业话语权的龙头型新兴产业项目，扩展技术链、延伸产业链，加快形成产业集群。强化定向招商，围绕500强企业的上海总部和沪上知名咨询机构，千方百计挖掘外资项目信息，以美国、北欧为重点，加大对装备制造、生物医药、新材料产业的招商力度。

5.专业招商。加强对产业演变规律、发展动态、转移趋势等方面的学习研究，着力提升项目信息处理能力、商务谈判能力，打造一支嗅觉灵敏、视野开阔、业务娴熟、研判精准的招商突击队，通过专业化水准提升产业链招商、制高点招商的成效。深化与"五大行"等咨询机构的战略合作，借助专业化力量提高代理招商、委托招商的成效。加快承接赋权审批事项，推行一枚印章审批、一张网络通办、一个窗口受理，通过专业化服务彰显大招商的成效。突出以商引商，提升招商亲和力。同时以人才引项目、与国内外专业招商机构合作等方式，大力开展以产业规划为指导的产业链招商、专业化招商，引进一批优质项目。

6.激励招商。制定港区版开放创新合作热力图，把在建项目推得更快，把意向项目盯得更紧，把储备项目谋得更实，敢冲锋陷阵、能立功受奖，跑出大招商"加速度"，轰出招大商"推背感"。实行生物港企业化招商运作试点，建立业绩与收入挂钩的分配机制，总结经验，逐步推广；加大评先评优倾斜力度，重点培养提拔业绩优秀的招商干部。

（二）招商目标

2013年，瞄准"美资特色牌"，以休斯敦的海工装备产业，底特律的汽车零部件装备产业，新泽西、费城的生物医药产业等为招商重点，参加休斯敦海工大会等大型活动。强化定向招商，围绕500强企业的上海总部沪上知名咨询机构，千方百计挖掘外资项目信息，以美国、北欧为重点，加大对装备制造、生物医药、新材料产业的招商力度。加快启动三大招商载体建设，包括太仓生物港一期、太仓港新医药技术成果转化基地这两大生物医药产业载体，太仓联东产业综合体这一综合性园中园，以及普洛斯物流、普凯物流这两个重点物流载体，不断增强集聚、服务、创新功能。

2014年紧盯总投资500多亿元的40多个在谈项目，着力引进超亿美金项目10个，争取引进10亿美金项目1—2个。在招商方向上，围绕新能源、新材料、新装备，主攻六大板块：海上油气、海上运输、海上风电等海洋装备，汽车整车及核心部件，高档润滑油及添加剂，宝洁、琪优势、艺康等清洁用品，华苏、中化、旭川、德威等新材料，光伏切片及集成、储能电池、燃气发电等清洁能源。在招商对象上，国内重点瞄准北京、上海和南方，国外重点瞄准美国旧金山的新医药、德国的汽车、北欧的重装备、韩国和新加坡的海工及配套、日本的物流，主动出击，登门拜访央企总部、世界500强亚太总部、国内行业100强总部和物流贸易总部，捕捉信息，跟踪洽谈，力争转化。在招商机制上，完善招商协作机制，形成内外联动、上下联动、板块联动的招商合力；优化产业目录，提高准入门槛，明确优惠标准，整合土地、税收、费用等减免政策，建立产业扶持资金，集中人力、物力、财力，支持重大项目转化落户。

2015年，港区坚持"一切为了项目""服务项目马上办""冷环境、热招商"，全力提高项目信息捕捉能力、鉴别能力、转化能力。首先借力入区企业及其高层，广交朋友，以商引商。主动对接五大行等中介组织，建立起互利共赢的长期稳定合作关系。先在上海试设招商联络办，积累成功经验，向北京、南方、美国、日本拓展。其次，实行生物港企业化招商运作试点，建立业绩与收入挂钩的分配机制，总结经验，逐步推广；加大评先评优倾斜力度，重点培养提拔业绩优秀的招商干部。再次，借助市级领导、市级招商部门、港口管委会等多方面力量，优化各招商团队内部分工，形成内外联动、上下联动、条块联动、前后联动的招商协作机制；建立产业扶持资金，集中人力、物力、财力，支持重大项目转化落户。瞄准中广核材、似鸟物流、中化霍尼韦尔等签约落户，蔚来新能源汽车、上汽通用售后汽配物流销售等总投资约100多亿元的项目加紧洽谈，2015年12月2日，似鸟商贸物流项目同太仓港经济技术开发区签署了总投资1.5亿美元的投资协议。项目注册外资6000万美元以上，计划建设15万平方米双层物流库及2万平方米展示和商贸中心。

2016年，招大引强与做大做强并重，提升产业竞争力。瞄准新能源汽车及汽车关键零部件、健康诊疗、高端新材料、绿色能源、海洋装备、航空航天装备、大数据等重点产业方向，紧盯龙头企业、产业链关键环节和产业链配套项目抓招商，引进2个以上产出超百亿元的项目。力争至2020年新增注册外资10亿美元、新增到账外资10亿美元、新增注册内资达到120亿元，新引进美资企业15家。同时，打造一批行业领军企业，强力推进产业集聚、集群、集约发展。

2017年，全年引进建滔半导体、斯凯奇、CJ荣庆、京东物流、鸣志电器、大族激光、瀚德汽配等新兴产业项目39个，总投资约150亿元。其中，央企项目2个、美资项目6个、世界500强项目3个、总部经济项目3个。22个市级以上重点产业项目除集装箱四期外全部开工，完成投资 55 亿元。共有碧辟扩建、旭川二期、华能分布式光伏电站、之宝中国加工中心等 15 个项目投产，设计产能超过 100 亿元。似鸟商贸土建完成，欧美产业园主体结构封顶。

2018 年，全面启动总投资 229 亿元的 22 个市级及以上重点项目建设，着重抓好建滔半导体、鸣志电器、大族激光、惠柏新材料、南华机电等重大项目建设，确保当年完成投入不少于 60 亿元。加快推进中广核、中化蓝天霍尼韦尔、旭川化学等一批在建项目。瞄准智能制造、未来网络、新能源汽车以及港口关联产业、港区优势产业，大力开展产业链招商、专业化招商，探索推行产融结合的资本招商新模式，力争在世界 500 强、中央企业、知名跨国公司和领军型民营企业投资项目的引进上实现新突破。以"龙头引领、全链布局、集群发展"为目标，编制港区三年发展规划，明确特色产业集群发展的路线图和时间表。加快培育规模企业，3 年内实现产值超 100 亿元企业 2 家，50 亿元企业 5 家，20 亿元企业 15 家。

2019 年，立足高端装备、功能材料、健康医药等新兴产业补链、强链，拓展新能源汽车及零部件、航空零部件、高性能光电子材料、激光智能装备、再生医学等先导领域，突出项目科技含量、税收增量和规模体量，切实增强在关键领域的有效投资。构建互联网招商平台，鼓励社会化招商服务，加强和拓展与大行大所、专业机构的战略合作。加紧项目跟踪，不断充实项目储备，形成优质项目梯队，制定招商路线图和项目转化时间表。密切跟踪 ABB、松下电器、三井物产等在谈世界 500 强项目，尽快签约德国伯格空压机、瑞典泰威自动化、宝东激光等项目。确保全年新引进投资超 10 亿元项目 5 个，超 30 亿元项目 2 个。加快推进利洁时全球研发中心和生产基地、建滔半导体、鸣志电器等一批总投资超过 300 亿元的重点项目建设。

2020 年，聚焦项目建设，加大有效投入，做足新增量，培育新动能。组织实施利洁时、苏宁环上海电商产业园、政龙智能装备产业园二期等 60 个港区重点项目，总投资超 400 亿元，年度计划完成投资 135 亿元，工业投资占比超 40%。其中，市级及以上重点项目 29 个，申报苏州重点项目 11 个、省重点 3 个。通过挂图作战、倒排进度，力争瀚德汽配、宝得流量设备等 12 个新建项目上半年全部开工，斯凯奇一期、鸣志电器等 5 个苏州市级重点项目年内竣工投产。充分用好精准招商目录图谱，瞄准世界 500 强、重点央企、总部机构等优质资源，密切跟踪 ABB 检测仪器、宝洁舒肤佳、出光润滑油等意向项目，尽快签约美国奎克润滑油、德国恩格欣、香港威露士等项目。

2021年，跟踪洽谈飞机发动机MRO、出光润滑油等世界500强项目，加快洽谈安踏华东物贸中心、如意航空、爱乐买冷链等项目，建链新一代信息技术、航空关键零部件、新能源汽车及核心零部件等先导产业，全年签约落地先导产业项目6个以上。

2022年，加速布局未来产业新赛道，推进新一代信息技术、航空航天、储能等先导产业发展，加快太仓港航空航天产业园、星河动力、易云科技等项目建设。拓宽拉长高端装备、先进材料、健康医药三大主导产业链条，签约落地威露士华东总部、信金IDC投资项目等投资超亿美元项目，开工建设太仓长三角人工智能超算中心、宝得高端流体设备等项目，竣工投产利洁时、鸣志、之宝等项目。

（三）招商成果

10年来，港区坚持年年引进一批，签约一批，开工一批，储备一批，确保港区项目建设快速推进。

2013年，完成注册外资2.19亿美元，实际利用外资1.93亿美元；内资新增注册资本35.9亿元；引进中石油华东润滑油厂润滑油添加剂、苏州天良港粮食现代物流园、江苏渤海商品交易所等项目13个，总投资134亿元。

2014年，完成注册外资0.55亿美元，实际利用外资0.73亿美元，内资新增注册资本23.6亿元。引进TPI风电叶片二期、奕瑞医疗器械、100兆瓦分布式光伏发电、三元锂电池等项目。

2015年，港区完成注册外资2.45亿美元，同比增长344.1%，实际利用外资1.54亿美元，同比增长111.0%；完成注册内资28.05亿元，同比增长18.9%。中广核材、似鸟物流等项目签约落户，引进项目16个，注册公司14家。同济大学太仓高新技术研究院引进产业化项目6个。

2016年，注册外资2.5亿美元，同比增长1.0%，实际利用外资2.2亿美元，同比增长39.9%。注册内资36.71亿元，同比增长30.9%。引进注册协鑫新能源、富兰克工业润滑油、嘉好新材料等项目13个。

2017年，注册外资2.66亿美元，同比增长7.3%，实际利用外资0.75亿美元，注册内资52.63亿元，同比增长43.4%。引进建滔半导体、斯凯奇、CJ荣庆、京东物流、鸣志电器、大族激光、瀚德汽配等新兴产业项目39个，总投资约150亿元。其中，央企项目2个、美资项目6个、世界500强项目3个、总部经济项目3个。

2018年，完成注册外资3.85亿美元，同比增长44.7%，实际利用外资1.17亿美元，同比增长56.3%，注册内资38.24亿元。引进了《福布斯》500强英国利洁时全球研发中心和生产基地、瑞典阿凯斯儿童安全座椅、德国威尔茨医用设备、百德医疗器械、京东物流江苏总部、华棉所和化塑汇等一批优质项目。

2019年，完成注册外资3.24亿美元，实际利用外资1.7亿美元，同比增长44.9%；注册内资51.66亿元，同比增长35.1%。引进扬子三井、苏宁环上海电商产业园等重点项目31个，其中世界500强投资项目3个。

2020年，注册外资完成6.94亿美元，同比增长114.0%。实际到账外资完成3.30亿美元，同比增长93.9%，引进百亿级投资清洁能源数字产业园、百亿级销售苏宁环上海电商产业园等4个世界500强投资项目。举办春季重点项目签约周和夏季、秋季重点项目开工开业活动。获评全市年度招商引资工作一等奖。

2021年，完成注册外资8.04亿美元，同比增长15.3%，实际利用外资3.37亿美元，同比增长1.2%。成功签约重点产业项目38个，其中夸特纳斯、威露士、斯凯奇二期等6个项目总投资均超1.5亿美元，星河动力火箭、中外运华东总部、华能煤炭码头二期等15个项目总投资均超2亿元，引进中科源大数据治理平台、青驭科技等科技人才项目26个。

2022年，完成注册外资8.06亿美元，实际使用外资1.36亿美元。赴欧、赴日招商成果丰硕，在法国巴黎成功举办开放创新合作交流会暨太仓港推介会。累计签约博马科技、范斯特新能源、爱乐买等重点产业项目34个，总投资155.3亿元。项目入库数68个，位居全市第一。

三、项目建设

（一）项目投资

2013年，港区有16家世界500强企业投资项目27个，总投资额约299亿元；15家中央企业投资项目22个，总投资额约252亿元；12家美资企业投资项目15个，总投资额145.8亿元。扬子江海工项目开工建设，总投资7.5亿美元，全部建成达产后，年产值200亿元，上交税收20亿元，是当年太仓在建的最大工业项目，也是苏州地区唯一真正意义上的海洋工程总装项目。

2014年，中集冷箱、中化环保制冷剂、霍尼韦尔发泡剂、盟迪新材料、凯利昂液晶面板等11个重点项目建成投产，总投资65亿元；扬子江海工、美孚润滑油二期、华东润滑油添加剂、宝洁液洗等 13 个在建项目加快推进，总投资 77 亿元。全年建成投产工业项目 19 个，总投资 92 亿元；在建项目 23 个，总投资 103 亿元；列入开工计划项目 13 个，总投资 134 亿元。

2015 年，中石油润滑油添加剂、美孚二期、宝洁液洗、中集冷箱二期、中集特种箱等 10 余个项目竣工，全部达产后可新增产值 100 亿元左右。BP 车用润滑油扩建、旭川二期、奕瑞医用探测器、博克二期、英成碳纤维等总投资 51 亿元的 16 个项目开工建设。

2016 年，开工建设似鸟、中广核、英成碳纤维等 19 个太仓市级以上重点项目。

2017 年，22 个市级以上重点产业项目除集装箱四期外全部开工，完成投资 55 亿元。共有 BP 扩建、旭川二期、华能分布式光伏电站、ZIPPO 中国加工中心等 15 个项目投产，设计产能超过 100 亿元。似鸟商贸土建完成，欧美产业园主体结构封顶。

2018 年，组织实施斯凯奇、建滔半导体、鸣志电器、南华机电等 52 个项目，总投资约 403 亿元，全部建成达产后将新增工业产值 310 多亿元、物贸主营收入 210 多亿元，税收超 26 亿元。其中，太仓市级及以上重点项目 22 个全部开工，奕瑞探测器、似鸟国际贸易物流中心、欧美高新技术产业园、碧辟润滑油二期等 21 个项目建成投运。

2019 年，组织实施港区重点项目 56 个，完成投资 85.08 亿元。其中，利洁时、鸣志电器、之宝中国总部等 22 个太仓市级及以上重点项目全部开工；中化霍尼韦尔二期、中广核新材、旭川化学二期等 12 个项目竣工投产。推进太仓港集装箱四期、希杰荣庆中国总部、平伊大健康冷链综合产业园等物贸项目建设。建成玖龙智能装备产业园一期、生物港二期、江海联运物流园、亿达创智空间等载体，欧美产业园一期项目入驻率超 80%。

2020 年，举办春季重点项目签约周和夏季、秋季重点项目开工开业活动，签约、开工项目 42 个。利洁时、科方生物等 28 个太仓市级及以上重点项目加快建设，斯凯奇一期、南华机电等 14 个重点项目竣工投产，集装箱码头四期交工验收。

2021 年，成功签约重点产业项目 38 个，其中夸特纳斯、威露士、斯凯奇二期等 6 个项目总投资均超 1.5 亿美元，星河动力火箭、中外运华东总部、华能煤炭码头二期等 15 个项目总投资均超 2 亿元，引进中科源大数据治理平台、青驭科技等科技人才项目 26 个。进一步完善项目全生命周期管理机制，36 个市级及以上重点项目超额完成年度固定资产投资目标，宝洁供应链中心、荣庆中国总部、鸣志智能制造等5个重点项目交工验收，利洁时一期、科方生物、达必温汽配等17个重点项目竣工投产。

2022年，全力推进41个太仓市级及以上重点项目建设，华能三期、星河动力、斯凯奇二期等28个项目开工建设，宝洁供应链创新中心、INGCO电动工具全球总部、宝得高端流量设备等12个项目竣工投产。

（二）项目管理

"开发区就是项目区，项目是开发区的生命线。""招商为本、项目为王""项目建设是招商引资成果的转化、项目产出是港区经济发展的源泉"，这是港区在实践中形成的理念。

10年来，港区始终突出"项目建设"这一主题，以项目为抓手，以项目兴经济，以项目推动港区高质量发展。

1. 狠抓项目开工。成立项目服务小组，协助企业办理环评、注册、施工许可证等报批报建手续，落实重点项目挂钩责任制，及时协调解决项目建设中遇到的难题，周周紧盯、月月调度，促进、签约项目快开工。同时，积极开展"每年项目集中开工"和"项目建设年"活动，营造大开发、大建设的氛围，凝聚各方力量力促项目开工。

2. 落实责任考核。对签约、开工、续建、竣工、开业的项目列出任务清单，以年度重点工作分解到各个职能部门，明确职责分工，落实项目建设责任，强化进度督促，推行工作月报制度，加强进度督促和年度考核，确保项目开工率、竣工率100%。

3. 强化跟踪管理。围绕项目建设进度，港区按照挂图作战的要求，突出序时进度，抓好协调服务，推行"马上办"，建立项目服务微信群，邀请领导、相关部门负责人和项目建设单位负责人加入，及时解决项目建设过程中遇到的难题。设立产业扶持资金，集中人力、物力、财力，推进签约项目快开工，开工项目快建设，竣工项目早达产。对尚未开工的项目深挖主观原因，强化沟通协调，确保重点项目按照序时进度推进。对拟建项目中梳理遇到的问题实施消号制，落实重大项目代办制，做到倒排工期挂图作战。建设职能部门强化项目工程日常管理，建立检查与负责人制度，加大工程现场管理力度，扫除管理盲区。

（三）重点项目开工开业

2013年2月17日，苏州市重大项目春季开工太仓会场活动在太仓港经济技术开发区举行。此次港区共有 34 个重点项目开工开业。同年 6 月 19 日，天顺风能海上风塔生产基地暨苏州天顺新能源科技有限公司投产仪式在港区举行。天顺风能（苏州）股份有限公司专业从事兆瓦级大功率风力发电塔架及零部件的制造、生产和销售，是全球最具规模的风力发电塔架专业制造企业之一。作为港区新能源产业的大项目，苏州天顺新能源科技有限公司总投资 11.54 亿元，建有海上风电塔架、研发中心、风塔零部件加工及配送中心。天顺风能海上风塔生产基地将坚持"诚信伙伴、创造价值"的理念，成为全国风电产业链上的重要环节，为太仓总部经济发展做出新的贡献。同年 10 月 12 日，埃克森美孚太仓增资扩产项目举行开工仪式，这标志着港区高级润滑油生产基地正在加快转型升级步伐。该项目将采用埃克森美孚先进的润滑油生产技术，新建调配装置、先进的实验室以及成品和原材料储存等设施，更加注重安全和环保。项目建成后，太仓工厂润滑油产能将增加一倍。同年 11 月 18 日，全市重点项目集中开工开业港区会场有六大项目集中签约和开工。其中，新和科技 AES、太仓港光电产业园、渤海华东物流基地 3 个项目签约；太仓生物港、五洋滨江广场、明崃物流 3 个项目开工。

2014 年 3 月 12 日，盟迪（中国）薄膜科技有限公司正式开业，这将促进港区新材料产业优化结构和做大总量。盟迪（中国）薄膜科技有限公司分三期投资建设，其中一期项目总投资 2266 万欧元，占地 29 亩，产品为用于卫生护理领域的弹性无纺布复合材料，达产后预计年销售约 1 亿美元。二、三期继续引入先进设备，扩大一期产品并生产其他功能性技术薄膜。随着项目的扩大，太仓公司将发展成为盟迪集团在中国的研发、生产基地总部。同年 6 月 26 日，博济中国智汇港开园，8 家客户签约，5 家客户商谈合约，17 家客户达成意向。同年 10 月 15 日，中化蓝天霍尼韦尔新材料有限公司工厂举行竣工投产典礼，开启了港区央企与美企合作新局面。中化蓝天霍尼韦尔新材料有限公司是一家由世界 500 强企业中国中化集团公司与美国霍尼韦尔公司共同投资组建的合作企业，总投资 9998 万美元，注册资金 4999 万美元。公司的生产设施建设均采用先进的工艺技术、质量管理以及安全、健康和环保标准，主要生产和销售用于泡沫隔热材料的 HFC-245fa 发泡剂，投产初期的生产规模为 12000 吨。同年 11 月 8 日，在全市金秋经贸月重点项目开业工业活动中，港区有 29 个重点项目开工开业签约。

2015 年 2 月 10 日，美国 Zippo 公司中国区总经理刘景华一行来访，在港区会议室就之宝太仓运营中心项目签订了投资协议。两个月后之宝中国运营中心在港区设立，此次投资项目为美国之宝在太仓的第三次增资。同年10月8日，港区与中广核核技术应用有限公司签约，中广核高聚物材料项目落户港区，投资20亿元在港区建设核电装备材料、核级电缆、高聚物线缆材料产业基地，项目达产后年产值可达50亿元，表明我市新兴产业再添劲旅，核技术应用产业发展跨出了里程碑式的一步。同年10月16日，碧辟（中国）工业油品有限公司车用润滑油、润滑剂及切削液改扩建项目签字仪式在上海喜来登由由大酒店举行。项目达产后，碧辟太仓工厂产能将翻一倍以上，并且更好地服务碧辟润滑油业务增长需求。同年11月6日，太仓市2015金秋经贸月重点项目开工开业活动港区主会场，奕瑞医用非晶硅X射线探测器项目开工建设，太仓生物港一期项目，英成高性能复合材料项目参加了集中开工活动。同年12月6日，似鸟株式会社与港区签订投资协议，建设似鸟华东国际物流商贸中心。这一项目一期总投资约1.5亿美元，注册外资6000万美元以上，计划建设15万平方米双层物流库，以及2万平方米展示和商贸中心。同年2月17日，苏州市重大项目春季集中开工太仓分会场活动举行，此次共有16个项目集中开工，港区的中广核（太仓）高聚物材料项目举办了开工奠基仪式。

2016年4月13日，埃克森美孚太仓扩建项目举行竣工仪式，该项目总投资9500万美元，其中一期总投资4870万美元，年产能增加28.4万吨，达产后一年可新增销售30亿元。同年10月15日，太仓市金秋经贸月重点项目开工开业活动港区会场暨似鸟华东国际物流商贸中心项目举行开工奠基仪式。同年12月7日，之宝在太仓第三次增资新建工厂项目签约。

2017年7月28日，鸣志太仓智能制造产业基地项目签约，这标志着港区智能装备产业又添劲旅。鸣志太仓智能产业基地项目主要规划生产步进式电机、交直流电机、工业控制系统等产品，并将建设成为行业细分市场的领先企业。同年11月8日，全市金秋经贸月重点项目开工开业活动，斯凯奇中国物流销售中心项目落户港区。同年12月12日，瀚德（中国）汽车密封系统有限公司苏州分公司开业典礼在港区举行。这标志着港区世界500强、中央企业、美资企业三个特色企业集群又添劲旅。该项目总投资3500万美元，产品主要供应上汽通用、上汽大众、吉利汽车等整车厂商，一期工程投产后产值可达3亿元，纳税近1500万元。

2018年1月16日，碧辟在港区举行润滑油调配厂扩产项目开业启动仪式。扩建升级后，这座工厂成为碧辟在亚太地区运营的最大润滑油调配厂，年产能实现翻番，达到16.3万吨，将在服务华东地区客户方面扮演重要角色。同年3月19日，米其林华东仓开仓典礼在明达物业举行，这标志着港区临江现代物贸产业又添劲旅。同年3月29日，港区上海鸣志电器项目开工建设，这标志着太仓融入上海集聚智能制造项目又迈出了坚实一步。鸣志（太仓）智能制造产业基地项目由上海鸣志电器股份有限公司建设。作为中国最大的运动控制产品综合制造商之一，上海鸣志电器在工厂自动化专业部件、智能LED照明驱动器、大型工厂设备的智能管理系统、汽车通信设备的控制执行机构等领域提供更专业、更节能、更高效的产品，业务覆盖南北美洲、欧洲和东南亚的主要国家和地区。同年8月31日，由上市公司东方嘉盛投资注册的太仓市嘉泓永业供应链管理有限公司在太仓港综保区正式成立，先行开展进口食品采购分销中心业务，这标志着港区临港现代物贸园又添劲旅。同年11月，太仓港经济技术开发区管委会与瑞典阿凯斯公司举行了签约仪式，标志着作为落户港区的首家瑞典企业，瑞典阿凯斯汽车儿童安全座椅项目正式落户港区欧美工业园。同年12月11日，利洁时个人护理及健康产品项目签约仪式在娄东宾馆举行，这标志着港区健康美妆产业再添"劲旅"。

2019年2月18日，平伊大健康冷链综合产业园奠基，这是由香港平伊控股有限公司投资建设的产业园，将在我市构建集线上诊疗、线上支付、线下配送、金融服务为一体的医疗健康网络。同年2月，玖龙集团旗下的玖龙智能装备产业园项目开工。该项目总投资达50亿元，利用企业自有土地进行统一开发，未来将集聚智能装备、精密制造、汽车零部件等优质项目，打造成又一高端装备产业载体。产业园一期规划建设4栋高标准厂房，建筑面积4.85万平方米。同年3月11日，百德（苏州）医疗有限公司在生物港举行开业仪式。该项目于2018年6月签约，当年11月底总部由广州迁址落户太仓生物港，更名百德（苏州）医疗有限公司，并以此为主体推进资本运作。同年4月27日，中新棠国业（苏州）医疗科技有限公司开业暨关爱公众健康创新产品在生物港举行授牌仪式，这是生物港二期开业的首个项目，也标志着港区生物医药产业发展取得了新突破。同年10月15日，江苏扬子三井造船有限公司开业。该公司由江苏扬子江船业集团与日本三井造船株式会社和三井物产株式会社联合投资成立，专注于建造各类商船，特别是LNG船和油轮，建成投产后年产值可达30亿元。同年10月23日，太仓金秋经贸月重点项目集中开工开业港区主会场，港区共新签约25个项目，总投资220亿元。同年10月30日，亿达太仓港创智中心开业暨入驻项目集中签约仪式在港区举行，这表明港区科创产业发展迈出了新步伐。亿达太仓港创智中心项目先期将以港城广场为载体，重点引进及发展科创类、文化创意类、研发设计类、金融服务类、服务外包类及互联网相关类企业。亿达太仓港创智中心开业当天，6个项目集中签约入驻，既有国内领先的IT高等教育集团东软教育，又有盘根网络、猴软信息、苏州居图、有啊云、同城医联等IT相关企业以及博恩天成等文创类企业，还有中科院成果转化中心，更有远道而来的中德技术交流联盟。同年11月26日，德国宝得集团举行签约仪式，这标志着港区高端装备又添新军。该项目主要从事高端流量控制系统研发、生产和销售，打造中国区总部，项目注册资本1800万美元。同年11月29日，中广核高新核材集团太仓高聚物一期新建项目投产仪式举行。一期项目的投产，具备年产高聚物材料近14万吨的生产能力，将推动公司华东制造基地的整合，逐步形成核电装备材料、特种电缆料、合成材料等产业格局。同时，在工艺设计中充分考虑了信息化、自动化的发展需要，在装备设施上实现了原材料集中自动供料、电脑自动配方计量，在管理上应用大数据管理，实现了决策分析、研发设计、质量控制和物流调度等环节的智能化管理，建设国内一流的智能化制造工厂。同年12月8日，重庆渝琥玻璃有限公司举行了Low-E玻璃项目投产庆典。中建材光电装备（太仓）有限公司来到港区建成设备齐全的研发中心及上万平方米的装配调试车间，研发生产出了大面积磁控溅射低辐射（Low-E）镀膜玻璃生产装备、铜铟镓硒薄膜太阳能电池磁控溅射装备和碲化镉薄膜太阳能电池气相沉积装备，位居世界一流水平。

2020年1月，在苏州开放再出发大会上玖龙智能制造产业园项目、苏宁环上海电商产业园项目、斯凯奇中国物流销售中心二期签约。同年3月，港区春季重点项目签约周正式揭幕，签约10个科技人才项目，涉及智能装备、生物医药、新材料和信息技术等领域。同年7月8日，由华能集团、中信集团、宝武集团3家世界500强央企共同投资100亿元的太仓清洁能源数字产业园项目签约。该项目主要建设高效能燃气机组电力基地、高性能机柜大数据中心、超算中心，具有清洁能源电力保障优势，以高性能机柜大数据中心、高算力超算中心为服务平台，将引进知名互联网企业、金融客户、智能研发及数据服务运营商。同年7月10日，港区夏季重点项目集中开工开业活动暨苏宁环上海电商产业园项目举行开工奠基仪式，此次活动集中签约、开工、开业项目32个，总投资362亿元，注册资本128.6亿元，预计实现产值535.9亿元、税收28.8亿元。其中，签约项目10个，总投资132亿元；开工项目10个，总投资103.3亿元，总建筑面积63.8万平方米；开业项目12个，总投资126.7亿元，预计实现产值超130亿元。这些项目投资规模大、产业层次高、创新能力强、带动潜力足，是港区高质量发展的重要引擎。苏宁环上海电商产业园项目，是江苏省重点项目，由世界500强苏宁易购投资建设，总投资35亿元，其中一期项目投资12亿元。该项目立足"票货同行"，建成投运后预计实现年销售收入超100亿元，对于港区打造知名品牌总部集聚区，实现千亿物贸目标，将起到强大的支撑和带动作用。同年8月28日，海方生物体外诊断试剂及成套检测设备项目建设开工。该项目重点瞄准PocT、化学发光等高敏体外诊断试剂、快速诊断检测设备、高分子检测等领域的研发、服务、制造和销售，并同步建设省级工程技术（研发）中心、院士工作站。同年9月22日，有维科技（苏州）有限公司和盈维来工具（苏州）有限公司的揭牌仪式在港城广场举行，这标志着1NGco工具总部项目正式落户港区。该项目定位1N-Gco全品类产品的研发、制造、市场、仓储物流等综合管理产品基地，总投资7200万美元，达产后预计年生产200万台锂电工具，产值10亿人民币，将提供大量就业岗位。同年9月1日，沃尔沃汽车华东物流中心、中邮物流华东供应链营运中心太仓物流中心在港区基创物流园隆重揭牌。该项目将按照沃尔沃亚太区全国物流中心来打造华东物流中心，把太仓港建成国内外汽车零配件进出口、集拼和分拨的物流总基地，预计每年可为太仓港带来4万标箱的增量。同年11月1日，港区（浮桥）集中开工、竣工、开业项目18个，总投资153亿元，达产后预计新增产值160亿元、税收12亿元。分别为皇冠假日酒店、港区医院、娄城环保等6个开工项目；鸣志智能制造产业基地、致龙智能装备产业园一期等6个竣工项目；斯凯奇中国物流销售中心一期、维嘉润滑油等6个开业项目。同年12月20日，嘉好（太仓）新材料股份有限公司举行开工奠基仪式。该项目注册资本1亿元，建设年产5万吨高性能黏合剂及研发中心，并将在港区设立企业销售、研发、生产总部。

2021年3月27日，港区举行春季重点项目集中开工开业活动暨德国宝得高端流体控制系统项目开工奠基仪式，共有开工项目20个，总投资173.2亿元，总建筑面积112.3万平方米。其中德国宝得流体控制系统（江苏）有限公司投资5400万美元，在港区建设德国宝得高端流体控制系统项目，从事生物医药和环境保护的高端流量设备研发、生产和销售。建成投运后，这一项目将年产各类流量控制系统100万套（件），销售收入超6亿元，纳税超3000万元，将为港区做强高端装备产业提供强有力的支撑。

2022年，港区41个太仓市级及以上重点项目建设，华能三期、星河动力、斯凯奇二期等 28 个项目开工建设。同年 8 月 9 日，港区隆重举行了斯凯奇中国物流中心一期开仓暨物流中心二期项目奠基仪式，二期项目建筑面积约为 26.4 万平方米，投资额预计超过 16.5 亿元人民币，由四栋四层楼的建筑组成，其中将配备现代化、智能化、数字化的自动化物流设备，装载及卸载平台将达到 3 万平方米，设计存储能力 2200 万件产品，每日订单履行能力最高峰值预计可达 60 万，将成为驱动斯凯奇在中国发展的强劲引擎。同年 12 月 20 日，长江最大汽车滚装码头——海通太仓码头先导段正式开工建设。该项目拥有陆域面积近 100 万平方米，岸线 708 米，预设计码头泊位 4 个，设计产能 130 万辆/年。

四、科技创新

港区按照"多元发展、高端为本、创新引领"的产业发展路径，积极引导和推进企业自主创新，注重引进各类研发机构，引导规模企业建设研发机构，并吸引高层次人才入驻企业。积极推进产学研合作，帮助企业与高校研究所对接，帮助企业转型升级。认真谋划知识产权各种宣传活动，引导更多的企业申报专利。鼓励企业建立科协组织，通过科协举办各项活动，积极调动和发挥科技工作者的积极性。积极推进企业加快建设技术中心，完善以企业为主体、市场为导向、产学研相结合的技术创新体系，加强对企业技术中心建设的指导和服务，在项目实施、重点技术创新导向计划、转型升级专项政策落实等方面加大支持力度，同时做好企业技术中心运行情况的跟踪分析，鼓励和引导企业不断加大创新投入，努力提升产业整体创新能力和水平。企业从组织机构、运行机制、经费投入、人才引培、产学研合作等方面入手，加强技术中心建设，充分发挥技术中心在促进技术进步、推动产业转型升级中的作用。

（一）引育高科企业

以确保高技术企业快速增长和高技术产业产值占比持续提升为目标，以"五百工程"为抓手，通过招商引资，引进高技术企业和产学研合作项目以及引导区内企业嫁接创新资源，不断壮大高新技术企业集群。

2013 年，港区新增高新技术企业 6 家，总数达 24 家。高新技术产业产值增长 18.4%，占规模工业比重 27.9%，较上年提高 4.4 个百分点。太仓生物港开工建设，同济大学太仓高新技术研究院落户，高新创投公司注册成立，博济中国智汇港签约入驻。太仓中化环保化工有限公司获批国家火炬计划重点高新企业，凯力昂光电获国家中小企业创新基金，雅本化学获国家火炬计划项目立项。

2014年，港区新认定高新技术企业5家，累计28家；省民营科技企业19家，累计达到40家；39家高新技术产业企业共实现产值161.22亿元，较上年增长15.6%。占规模工业比重达到24.4%。旭川化学获省重大成果转化资金支持。同高院、生物港、博济堂等公共创新平台揭牌运作。同高院先进制造技术研究中心完成投资3500万元，建成3个公共服务平台，分别是先进钛铝合金结构材料产业化中试实验室、多波长高功率激光焊接技术实验室、逆向工程应用技术实验室。

2015年，新增高新技术企业12家，高新技术产业产值占比29.3%，较上年增加5个百分点。港区将完成规模企业研发费用加计扣除备案金额约9.6亿元，增长14.6%；新增天顺新能源、润邦卡哥特科、中建材光电等12家省级高新技术企业，华一新能源获省重大科技成果转化项目立项。

2016年，新增高新技术企业13家，省民营科技企业16家，完成规模以上企业研发费备案金额8.58亿元。实现高新技术产值176.26万元，新兴产业产值374.75亿元，高新技术产业产值、新兴产业产值占比分别为27%、56.8%。获批省重大科技成果转化项目和省重点研发计划各1个。

2017年，引进建滔半导体、斯凯奇、CJ荣庆、京东物流、鸣志电器、大族激光、瀚德汽配等新兴产业项目39个，总投资约150亿元，高新、新兴产业产值占比分别为40.8%。

2018年，新申报高新技术企业10家，复审19家。高新产业、新兴产业产值占比分别为40%、57.4%。同高科技获评江苏省重大科技成果转化项目。

2019年，新申报高新技术企业20家，规模以上高企研发机构建有率100%，获评省科学技术三等奖企业2家。高技术制造业投资额居全市首位。

2020年，净增高新技术企业69家，位居全市第一。国发创投基金备案，钟鼎等股权投资企业设立。同高科技、海路生物获评江苏省科学技术奖。获批省知识产权示范园区创建单位。鼓励支持联合承担国家级、省级重大科技计划项目，推动校企协同创新，引导企业主动介入高校研发，建立产学研联合体，突破核心技术，获取重大成果，力争新增产学研合作项目50个。

2021年，5万平方米的生物港三期、1.8万平方米的太仓港新材料创新中心建成投用，6.5万平方米的太仓港科创园一期加快建设，亿达·太仓港创智中心获评省级众创空间，旭川化学获评我市首家省"质量标杆"企业。

2022年，全力推进41个太仓市级及以上重点项目建设，华能三期、星河动力、斯凯奇二期等28个项目开工建设，宝洁供应链创新中心、INGCO电动工具全球总部、宝得高端流量设备等12个项目竣工投产。港区获评省"互联网＋先进制造业"特色产业基地，江苏宝洁被省委、省政府表彰为"江苏制造突出贡献奖"优秀企业。

（二）搭建科研载体

通过"三园两中心一基地"建设来搭建平台，提升科技创新能力。为港区集聚更多的科技和人才资源。一方面积极推进各类科技产业园区，加快工程建设、完善配套功能、提升运行水平，增强人才型、科技型项目落户的承载力。另一方面，推进高校合作共建先进制造技术研究中心和科技成果转化基地建设以及产学研合作项目，充分发挥产业园区人才、技术、创新、服务集聚效应，积极申报国家级产业化基地和江苏省科技孵化器、众创空间、科技公共服务平台等一批特色科技创新平台，以发明专利和创新品牌引导创新集聚，提高科技创新载体对经济发展的贡献度。

2013年，港区新增省级工程技术研究中心2家、省级研究生工作站3家、省外资研发机构1家。新增产学研协作项目46个、政产学研联盟4个。港区被认定为江苏省知识产权示范园区，被苏州评为太仓唯一一家科技镇长团先进派驻单位。太仓生物港开工建设，同济大学太仓高新技术研究院落户，高新创投公司注册成立，博济中国智汇港签约入驻。太仓中化环保化工有限公司获批国家火炬计划重点高新企业，凯力昂光电获国家中小企业创新基金，雅本化学获国家火炬计划项目立项。举办"上海高校港区行"等活动，邀请中科院上海分院、上海交通大学、同济大学、华东理工大学、东华大学、上海理工大学等科研院所专家前来考察，与南京航空航天大学等科研院所签订产学研合作协议，结成政产学研联盟，全力吸引高校及研究所的科技、人才资源向港区集聚。雅本化学等企业建立省级以上工程（技术）研究中心、重点实验室、企业技术中心等研发载体，承担国家或省级重大科研项目，积极为博士后人员提供必要的科研、生活条件及其他后勤保障设施。

2014年，新增省工程技术研究中心2家，累计7家；省民营科技企业19家，累计40家；省研究生工作站2家，累计10家；完成发明专利申请457项，新增高新技术产品10项，累计78项，西本新干线、华益美获省百件优质发明专利奖，旭川化学获省重大成果转化资金支持。同高院、生物港、博济堂等公共创新平台揭牌运作，其中同高院入驻港区办公，加快筹建先进钛铝合金结构材料产业化中试实验室、微纳米制造技术实验室、多波长高功率激光焊接技术实验室和逆向工程应用技术实验室等四大公共服务平台，引进 3 个产业化项目，总投资 1.7 亿元。博济科技园正式开园，首期 3000 平方米，有 8 家客户签约，5 家商谈合约，17 家达成意向。同时，港区申请了 502 项发明专利，申请国际 PCT 专利 5 项，企业获得授权发明专利 35 项，省级知识产权试点园已获得省商务厅、省知识产权局联合批复同意。

2015 年，认定协鑫光伏、润邦等省级工程中心 2 家，累计达到 9 家；省研究生工作站 1 家，累计达到 11 家；苏州市工程技术研究中心 8 家，累计达到 42 家。欧美创新产业园、新材料科技产业园前期工作快速推进；生物港一期投入运营，引进项目 16 个，注册公司 14 个，二期项目正加快推进中；同高院已引进 6 个产业化项目，还有 10 个领军人才项目正在转化，4 个实验室正加快建设，二期工程开始编制规划。同时，推动校企协同创新，引导企业主动介入高校研发，建立产学研联合体，联合承担国家级、省级重大科技计划项目。发挥财政资金引导作用，支持各类社会资源共同搭建产业化实验室平台；促进建立产学研联合共建机制，密切实验室与高新技术企业之间的合作关系。

2016 年，认定省研究生工作站 1 家，苏州工程技术研究中心 8 家。申请发明专利 753 项，发明专利授权 164 项。引进雷姆斯、华益美、依科赛、同高科技等人才型企业，推进中化环保、华一新能源等 50 多家企业与同济大学、上海交大、南京工业大学等 20 多所高校签订产学研合作协议。港区的研发机构在规模企业全覆盖，5 家博士后创新实验基地获批，2 家博士后创新实验基地正在申报，4 个"海鸥计划"项目正在申报。生物港一期 2 万平方米已入驻依科赛生物科技（太仓）有限公司等 16 个项目，引进国家千人计划、省双创、姑苏人才计划、太仓领军人才等人才 12 人。同济大学太仓高新技术研究院 4 个实验室完成建设，引进人才企业 5 家，引进千人计划 1 人，申报省双创 2 人，获评姑苏人才 2 人、太仓领军人才 4 人，2 家人才企业实现产值超 5000 万元。

2017 年，港区先后与同济大学、上海交大、上海理工大学等多所高校建立长期合作交流，特别是南京理工大学与港区企业建立长期合作关系，促成产学研合作项目 45 个，建成 6 家省级研究生工作站、1 家省级工程技术研究中心、4 家苏州工程技术研究中心。合作项目成功获评多项省级科技项目，获得了太仓市科技合作贡献奖。

2018 年，中集冷箱获评省工程技术研究中心，生物港二期交付使用，承办

2018年细胞治疗与生物药创新太仓峰会。启动太仓港科技创新园规划编制，签约上海交大慧谷太仓港科创中心，亿达"众创空间"项目签约入驻。

2019年，规模以上高企研发机构建有率100%，获评省工程技术研究中心、企业技术中心各3家，获评省科学技术三等奖企业2家。港区与同济、交大、南理工等众多科研院所建立紧密合作关系，以高质量项目为纽带深化产学研合作，集聚了一批高层次人才和高端人才团队。润邦卡哥特科、华一新能源等50多家企业与20多所高校签订产学研合作协议近100项，累计建成博士后工作站、研究生工作站、工程技术研究中心近100家，先后有多项省重大科技成果转化、省重点研发计划立项。

2020年，获评省工程技术研究中心2家、苏州市工程技术研究中心3家，同高科技、海路生物获评江苏省科学技术奖，获批省知识产权示范园区创建单位。亿达太仓港创智空间投入运营，东软太仓信息工场启用，同济科创联（太仓）产业化基地签约落地。省级孵化器生物港、省级众创空间同高院，启动首期5万平方米太仓港科创园建设，加快3.5万平方米生物港三期、6万平方米欧美产业园二期、12万平方米玫龙智能装备产业园二期建设，把载体拓展作为新动能的支撑，增强创新承载力。同高科技着眼太仓高端装备制造等战略性新兴产业的发展，不断加大研发投入，积极开展产学研合作创新。

2021年，加快产业链创新链双向融合，规划建设生物医药孵化中心，高标准推进太仓港科创园建设，提升同高院、同济科创联、亿达创智空间、东软数字工场等科创载体运营水平，争创国家级科技企业孵化器、国家级知识产权示范园区。加快推进"智改数转"，全年规上企业覆盖率达50%，累计完成省星级上云企业28家，获评省级示范智能车间1家、苏州市示范智能车间9家，获评苏州市智能工厂1家。规上工业企业研发经费投入25.5亿元，同比增长25.8%，新增高企30家，海苗生物成为苏州各县级市首家省研发型企业。

2022年，加快太仓港科创园、生物港四期建设，提升亿达·太仓港创智中心、新材料创新中心等科创载体运营水平，力争获批国家级众创空间、科技企业孵化器。2家企业获评国家级专精特新小巨人企业，17家企业获评省级专精特新中小企业，数量居全市第一。完成规模工业企业智改数转超90家，获评省星级上云企业35家、苏州市级智能工厂1家、省级智能车间5家，苏州市级智能车间10家，省级企业技术中心4家苏州市级企业技术中心3家。累计完成注册星河航天等创新人才企业

80家，指标完成率160%。获评省工程技术研究中心2家；获评苏州市工程技术研究中心8家，同比增长167%，数量居全市第一。

（三）全力招才引智

港区认真贯彻创新驱动和人才优先发展战略，把"522"人才及引进"985"大学生政策送进企业、完善高层次人才激励机制，组织参加市国际精英周等活动，开展创新创业贡献奖评优活动，全方位推进创新发展和招才引智工作，吸引更多人才来区创业。

1. 强化人才激励，加速人才聚集。先后制定颁布了《太仓港经济技术开发区创新发展奖励实施办法》和《太仓港经济技术开发区社会化招才引智激励办法》，大力促进高层次人才到港区创业，高层次成果在港区落地转化。对获评的各级创业类领军人才另行给予20万至100万元不等的专项资金资助，设立了"港区人才公寓"，准备了100套公寓给新落户的领军人才本人及团队居住。紧贴智能装备、功能材料、绿色能源、健康诊疗等新兴产业发展，狠抓招才引智、培育领军人才、创新载体建设、优化发展环境，大力推进科技创新与领军人才相结合，着力引进有行业影响力的"高精尖缺"人才及团队，基本形成了人才资源快速集聚、科技创新氛围日益浓厚、自主创新能力显著提升的新格局。

2. 引进高层人才，提升创新活力。大力宣传并深入实施各级人才计划，落实好领军人才的专项经费资助、安家补贴、融资贷款等配套政策。结合海外引智计划、国际精英周、人才交流会等活动，发挥人才中介、高等院校、科技镇长团等资源信息作用，建立一条广阔而高效的招才引智渠道，结合招商积极对外开展招才。重点引进纳米技术与新材料应用、生物诊断试剂与医疗器械、高端智能装备制造、节能环保等领域的战略性人才和创业团队，以科技人才项目助推港区科技进步，实现量质并举，逐步构建港区创新创业人才高地，以创新人才培养创新未来。同时，设立、认定"引才直通站"和"招才引智顾问"，借助一系列政策、活动"组合拳"的强劲发力，推动人才、技术、资本、信息等创新要素流动，实现招才引智工作更加有效地"走出去"和更高水平地"引进来"。对科技项目、创新平台、人才项目、知识产权等方面实打实进行资金奖励，对首次认定的高新技术企业奖励30万元，对再次认定的高新技术企业奖励15万元；对获得国家重点研发项目、科技成果转化、国际合作等科技计划项的企业，奖励100万元；对获得江苏省重点研发项目、科技成果转化、国际合作等科技计划项目的企业，奖励20万元；对新认定国家（重点）

实验室、国家工程技术研究中心的企业，奖励 50 万元。

3. 依托载体引才，发挥带动作用。设立港区产业投资引导基金，以母基金的形式进行运作，采取阶段参股或增资等方式，设立以高端装备制造、新材料、生物医药、航天航空、科技人才等领域为重点投资方向的创业投资企业，促进国内外优质人才、项目、资源集聚，推动港区战略性新兴产业和高新技术产业迅速发展，引导基金首期规模达 3 亿元。通过高技术企业和产学研合作项目以及高新产业园区带动一批高端人才。港区建设生物港和同济大学太仓高新技术研究院两大科技载体，着力引进行业内创新氛围活跃、带动作用明显的人才团队，先后有 20 多家人才型企业落户。同高院激光焊接、逆向工程、微纳米制造等 4 个公共服务平台投入运行，分别获评省级、苏州市级众创空间和省级科技企业孵化器。港区将争取更多科技、人才项目落户，努力集聚一批创新创业领军人才和国内一流的创新团队，培育一批具有影响力的原创性成果和创新型标志性企业，建成一批高水平企业研发机构和科技创新平台。

4. 丰富信息渠道，提升就业服务。第一时间开放人力资源市场，每周安排两场次现场招聘活动，平均每场 20 家企业招聘、200 人（次）入场求职。通过微信公众号、微信群、QQ 群等企业人力资源交流平台，积极拓展网上招聘工作。根据企业行业特点和员工情况，建立用工双向调剂制度，实现用工资源有效对接。推进博士后工作站建设，完善鼎英人才沙龙组织机构，争取各类资金奖励，协助企业引进硕士以上各类高层次人才。加强人才之间的交流与沟通，举办三项以上大型人才杯文体活动，丰富各类人才文化生活。重点走访 20 家以上人才集聚企业，了解各类人才的需求，切实解决实际问题，为他们提供宽松、舒心的创业环境。

10 年来，港区通过狠抓招才引智、培育领军人才、创新载体建设、优化发展环境，大力推进科技创新与领军人才相结合，着力引进行业影响力较大的"高精尖缺"人才及团队，取得了人才资源快速集聚、创业生态持续优化、创新驱动显著提速的新成效。

2013 年，港区人才总量达 19043 人，硕士以上 164 人，其中博士 26 名，拥有"省双创"人才 3 人，入选姑苏人才计划 3 人，入选太仓市领军人才计划 11 人。

2014 年，新增太仓市级领军人才 9 人，国家千人计划 1 人，认定省双创人才计划项目 1 个，累计达到 4 个；姑苏领军人才项目 2 个，累计达到 6 个，形成了高层人才带团队、带技术、带资本入驻创业的好势头。获批"522""985""211"人才政策待遇补贴 90 万。高院、生物港、博济堂等公共创新平台揭牌运作，引进国家千人计划实现零突破；

2015 年，港区人才总量达 2.71 万人，其中引进国家"千人计划"5 人；获评省"双创人才"4 人；获评"姑苏人才"9 人；获评太仓科技创新创业领军人才 29 人，太仓市高技能突出人才 8 人，太仓市重点高技能人才 80 人。当年，又引进国家"千人计划"1 人，自主申报国家"千人计划"4 人，2 人入选省"外专百人计划"，2 人进入省"双创人才"面试，3 人进入"姑苏人才"面试，5 人参加太仓市创新创业领军人才计划面试。

2016 年，自主申报国家千人计划 6 人，占全市 50%，引进千人计划 1 人；申报省双创计划 7 人，获评 4 人；2 人入选省外专百人计划，实现全市零的突破；申报姑苏人才 7 人和 1 个创新团队，入选 2 人；获评太仓领军人才 4 人。领军人才创业企业的销售、纳税总额位居全市前列。

2017 年，自主申报国家千人计划 6 人，进入面试 4 人，占全市 50%；申报省"双创人才"6 人，进入面试 6 人，入选 4 人，获评数占全市 44.44%。申报省"双创博士"5 人，入选 2 人。申报姑苏人才 8 人，入选 3 人。申报省外专百人计划 3 人，"姑苏天使"计划 3 人，获评高端外国专家 1 人，实现该项目零突破。

2018 年，国家千人计划申报有新突破，进入国家千人计划面试 2 人，通过国家万人计划公示 1 人；获评第 8 批高端外国专家项目 1 人。累计获评苏州市级及以上人才计划 6 人，新引进人才项目 5 个。新引进锋范新能源、双至信息、登高科技等人才项目 5 个。

2019 年，实现国家级重大人才项目、省"双创团队"零突破，获评省"双创人才"4 人、姑苏创新创业领军人才 3 人，苏州市级及以上人才项目获评数居全市第一。港区获评 2019 年太仓市人才服务"优质单位"。港区人才总量达 2.6 万人，高层次人才总量达 1000 人，其中入选国家高端外国专家 2 人、入选省外专百人 2 人；获评省双创、姑苏人才 23 人、太仓科技创新创业领军人才 38 人。

2020 年，累计获评国家万人计划 1 人，引进千人计划 5 人，获评高端外国专家 2 人，江苏省双创团队 1 个、省双创人才 13 人，姑苏人才 18 人，太仓领军人才 43 人，实现人才科创项目量质并举。同高先进制造科技（太仓）有限公司董事长汤旭东成功入选，实现我市自主培养"万人计划"零突破。汤旭东是太仓科技领军人才、姑苏领军人才、省双创人才，2014 年 7 月来到我市创办同高先进制造科技（太仓）有限公司。公司成立至今，已获得 17 项授权专利，其中发明专利 6 项，其激光应用技术在同行业处于领先地位。

2021 年，全力完善"领军人才 + 配套团队 + 先进技术 + 孵化项目 + 专项基金"全链条人才引进模式，深入实施"2+N"产业和民生人才新政，引入一批苏州市级以上领军人才和高端创新创业人才及团队。新增企业创新人才 4801 人。

2022 年，新增国家级人才 2 人、苏州市级以上各类"人才计划"12 人。

（四）落实保障措施

1. 加强组织领导。港区大力实施人才工作"书记项目"，主要领导带头落实党管人才要求，挂钩联系人才企业，选优配强招才引智队伍，把人才工作列入年度重点工作进行分解落实和督查考核。积极参与承办国际精英周、细胞治疗与生物药创新峰会等活动，引进同高科技、奕瑞影像、依科赛等一批人才企业。建立科技工作领导小组，强化科技创新工作的组织协调，形成港区科技创新良好的工作局面。加大财政对科技创新的经费投入，落实现有的科技优惠政策。积极筹建太仓港科技创业投资公司，并积极鼓励民间资本通过设立小贷公司，为企业创新搭建投融资平台。积极宣传科技创新，在全区营造尊重知识、尊重人才、尊重创造的创新环境。

2. 落实支持政策。2016 年，坚持科技创新带动传统产业转型升级，营造创新创业发展氛围，颁发了《太仓港经济技术开发区科技创新奖励实施办法（试行）》，增强科技创新政策扶植力度。2019 年，港区持续集聚科创动能，制定出台《港区科技创新奖励实施办法》，2020 年，调整优化《太仓港经济技术开发区创新发展奖励实施办法》政策，高企奖励再度加码，新申报奖励 30 万元，重新认定奖励 15 万元，新增引进奖励 30 万元；鼓励产学研合作，按照技术合同实际成交额的 20% 进行奖励资助，最高奖励 30 万元；细化奖励类别，获得国家级、省级、市级项目的企业分别奖励 5 万到 100 万不等，将政策落到实处，鼓励企业再上一台阶。出台《太仓港经济技术开发区社会化招才引智激励实施办法（试行）》。签约认定"引才直通站""招才引智"顾问，实施工作评估和动态管理，推荐人才落户后奖励 2 万到 30 万不等，广泛凝聚各方力量参与引才聚才工作，全面加大高层次创新创业人才引进力度。同时，不断强化科技服务，增强创新引力。宣传好、利用好港区科技创新奖励政策，以创新政策营造创新氛围。实施好"科才通""科贷通"等信贷产品，做好科技担保、科技创投、科技保险等业务服务。

3. 营造良好环境。积极探索设立政府引导基金和主导产业投资基金，吸引风险投资公司（VC）、私募股权基金（PE）进驻，建立以市场化为主导、政府适度参与并引导的金融创新服务模式，切实增强产业投资的有效性和灵活性。发展科技中介，建立科技资源信息平台，提升为企业更好地开展科技创新服务能力。进一步完善知识产权运用和保护机制，积极对上争取获批国家级知识产权试点园区，全面提升知识产权创造力，支持企业通过转让、许可、质押等形式实现知识产权的市场价值。建设港区人才公寓100套，免租期3年，打造吸引高层次人才的政策洼地，提供发挥高层次人才才能的科研平台，营造良好的创业和生活环境。2021年推进菁英公寓三期建设，新建人才公寓300套。出台科技人才项目专项资金管理办法，开展首次企业免费科技创新体检。

五、融入上海

2003年，太仓市政府提出了"接轨上海"的战略决策，港区充分发挥港口资源优势，通过举办"中国太仓郑和航海节暨经贸洽谈会"、纪念郑和下西洋600周年的等活动，引进了一批沪上项目。特别在"十三五"时期以来，随着长三角一体化国家战略的不断推进，太仓港与上海的合作更加广泛密切，在港口、物贸、工业、科技等方面全面对接，形成了从"接轨上海"转向"融入上海"的新格局。

（一）港口合作　随着太仓港三期码头和四期码头与上海港成功合作之后，在码头、航线、政策、信息、管理等方面实现了"沪太同港"的全面融合。"十三五"期间，"沪太同港"效应初步显现，"沪太通关一体化"进出口全面打通、形成闭环，成为全国首个实现跨省通关一体化的港口；与上海港各港区实现航线无缝对接，"沪太通"物流模式走货量年均增长143.7%。上港正和码头年利润从142万元增至6466万元，是上海港沿江合作效益最好的码头。2020年以来，太仓港抢抓长三角港口一体化发展机遇，全面参与并融入上海港长江战略和"南联北融"实施进程，全力打造太仓港与上海港之间的精品支线服务体系。目前，太仓港—上海港40条公共穿巴支线均"公交化运营"，中转时效和服务质量大幅度提升，在沪太两港一体化运作的框架下，货物抵达太仓港视同抵达上海港。公交化运营支线与太仓港内河战略实现无缝衔接，太仓港能够为长江内河50余个港口提供快速中转服务。同时主动融入上海国际航运中心、虹桥国际开放枢纽建设，创新合作模式、拓展合作领域，努力打造上海全球供应链资源配置中心的重要节点。

（二）物贸联动　2013年以来，港区抓住长三角港口一体化、"沪太同港化"

加快推进机遇，放大进口指定口岸资质作用，探索构建品牌国际分销、跨境电商、大宗物资、保税加工、金融结算等完整供应链，努力打造上海全球供应链资源配置中心的重要节点。先后在上海举行有关现代服务业、物贸经济以及综保区等推介会、招商会，与沪上物流商贸企业签订了合作协议。2019年，上海苏宁集团来港投资电商产业园项目，规划建筑面积16.4万平方米，将建设苏宁区域电商运营中心，打造集电子商务订单生产中心、结算中心、分拣中心、配送中心、供应链管理及开放平台等功能于一体的综合型园区，成为电商产业园的优秀典范。一期项目投产后年销售规模150亿，年纳税额约1.5亿。2020年，上海海通国际汽车码头有限公司和太仓港口投资发展有限公司共同出资组建海通（太仓）汽车码头有限公司，注册资本7.6亿元，占地104.67公顷（含水域），建设汽车滚装泊位及陆域堆场工程4个。项目建成后远期形成92万辆整车装卸、物流运输业务，其中内贸60万辆。海通汽车江海联运物流基地的建设是完善太仓港区作为上海国际航运中心组成部分的重要举措，又对接了建设上海国际航运中心的战略目标，也拓展了太仓港的服务功能。2021年，抓住长三角港口一体化、"沪太同港化"加快推进机遇，放大进口指定口岸资质作用，探索构建品牌国际分销、跨境电商、大宗物资、保税加工、金融结算等完整供应链，努力打造上海全球供应链资源配置中心的重要节点。同年12月，海通码头汽车年装卸量正式突破200万辆，与此同时，海通整车年服务量也突破100万辆，成为全国首个年装卸量超过200万辆的综合性汽车服务滚装码头。

（三）工业对接　港区主动对接"上海制造"品牌和"高端产业引领"功能，加强与上海浦东、张江、宝山、金桥、临港等园区交流协作，着力打造上海先进产业转移承载区和配套服务区。早在2005年，港区引进上海耀华建筑玻璃有限公司投资建设太仓耀华玻璃有限公司，主要生产、加工、销售钢化玻璃、夹层玻璃、中空玻璃、镀膜玻璃以及建筑玻璃安装及室内装饰服务。17年来，该公司不断加大投入，开发新技术新工艺新产品，产品行销日本、澳大利亚、印度、中东等海内外市场，年销售额攀升到3亿元。2017年，上海鸣志电器股份有限公司在港区投资建设鸣志太仓智能制造产业基地项目，总投资7.5亿元，分为鸣志电器和鸣志电工2个项目。其中：鸣志电器项目规划从事步进电机、直流电机、智能LED驱动电源、智能LED驱动器、电源供应设备、工业控制系统主要部件的生产制造，以及相关产品的配套工艺、工程技术的设计、开发；鸣志电工项目主要业务为组装类（EMS）包括线束类产品，应用于舒适家居领域、工业领域、生命科学仪器领域及其他领域。

2 个项目建成完全达产后年合计销售额预计可达人民币 14 亿元，各项税收总额预计可达 1.2 亿元。2021 年，重点围绕智能造、创新药、未来车、数据港等产业，加强与上海张江、漕河泾、金桥、临港等园区交流协作，新引进沪上产业项目十余个，着力打造上海先进产业转移承载区和配套服务区。

（四）创新协同　港区充分发挥临沪优势，通过举办"上海高校港区行"等活动，邀请中科院上海分院、上海交通大学、同济大学、华东理工大学、东华大学、上海理工大学等科研院所专家前来考察，结成政产学研联盟，全力吸引高校及研究所的科技、人才资源向港区集聚。2014 年 5 月 7 日，港区举办国开区产学研合作洽谈会，同济大学、复旦大学、上海交通大学、华东理工大学等 10 家高校、科研院所的 21 名专家，与港区、浮桥镇 20 家企业代表围绕新材料、新装备产业技术进行了洽谈对接。中化环保与上海交通大学达成了教授博士柔性进企业意向，华一化工、塑料助剂厂与华东理工大学教授就化工新材料技术进行了详细洽谈，达成合作意向 8 项。2015 年 3 月 20 日，同济大学高新技术研究院入驻港区，设立了微纳米制造技术实验室、先进钛合金结构材料产业化实验室、多波长高功率激光焊接技术联合实验室、逆向工程应用技术联合实验室等 4 个产业化实验室，引进了 3 个产业化项目，与润邦卡哥特科工业有限公司等区内重大装备企业签订技术合作协议。港区发挥财政资金引导作用，支持各类社会资源共同搭建产业化实验室平台；促进建立产学研联合共建机制，密切实验室与高新技术企业之间的合作关系。同济微纳米制造技术实验室由"国家千人计划"专家、美国青年科学家总统奖获得者刘钢领衔，与同济大学及伊利诺伊大学微纳米技术中心合作，研发先进纳米器件，服务同高（太仓）移动传感科技有限公司等生物医药、环保检测企业。同济先进钛铝合金结构材料产业化实验室依托工信部"高档数控机床与基础制造装备"科技重大专项课题"难变形材料构件组织调制及精密热成形技术"，以"500 吨难变形材料精密等温锻造及热成型设备"为核心，与同济大学上海市金属功能材料应用开发重点实验室、先进土木工程材料教育部重点实验室合作，服务航空航天、汽车工业、军事武器、海工装备等行业。同高科技把随行压轮、滚头、焊钳、抓手、涂胶机等自动化设备有机整合在一起，让机器人、激光工作站产生"1+1>2"的效应，与美国 MBE、瑞典 PERMANOVA、德国宾采尔、北车和上汽通用等多家企业建立了紧密合作关系。2021 年，加大上海高端人才和产学研项目引进力度，跟踪洽谈上海市北高新集团、上海浦东科创集团等投资项目，努力实现"上一站上海研发、下一站港区转化"。2022年，加快推进太仓港区（同济嘉定）协同创新中心建设，探索上海飞地招才模式，尝试在德国、英国设立离岸创新中心，构建"本地＋飞地＋离岸"的全球协同创新中心体系。

第二节　临江工业

2013年，港区确定临港工业以轻工造纸、电力能源、石油化工为三大传统产业，以新能源产业、新材料产业、新装备产业为三大新兴产业。随着宏观经济的快速发展和招商引资的深度拓展以及企业自身发展更新，临江工业的发展目标也不断调整完善。2017年提出了"3+4"的发展定位，即巩固提升轻工造纸、电力能源、石油化工三大传统产业，培育壮大新能源、新装备、新材料、新医药四大新兴产业。2018年进一步明确了临江工业的发展目标，定位更加清晰。标杆更加提升。进一步做强绿色能源、功能材料、智能装备、健康诊疗四大新兴产业，提升电力能源、轻工造纸、石油化工三大骨干产业，加快构建"4+3+X"的先进制造业体系。从临港工业到临江工业，从三大传统产业到三大骨干产业，从三大新兴产业到四大新兴产业，这是港区工业产业转型升级的结果，也是工业产业规模化、基地化、集群化的反映。

一、骨干产业

（一）电力能源

入驻港区的电力能源企业主要有华能太仓发电有限责任公司、太仓港协鑫发电有限公司、国华太仓发电有限公司，通常称为"三大电厂"，经过10年的发展，在产能、环保、效益等方面全面实现转型升级，已经成为国内一流的能源企业和港区重要骨干企业。

1.太仓港协鑫发电有限公司。该公司是由江苏省统调的一家热电联产火电企业，于2002年5月10日成立，由协鑫集团、众能电力（苏州）有限公司、倡力有限公司以及苏州恒能投资有限公司等4家股东方合资成立。拥有长江岸线730米，建有一座双泊位煤炭专用码头，两个泊位最大靠泊能力分别为5万和7万吨级肥大型浅吃水货轮，年最高设计通过能力900万吨。共有6台发电机组，其中2台135MW、

2 台 320MW、2 台 330MW 机组，总装机容量 1800MW。2005 年以来，致力于技术革新和设备改造，先后投入 4.2 亿元，对 3、4 号机组和 5、6 号机组进行技术改造，大大提升了机组的经济性、安全性和稳定性，供电煤耗、发电厂用电率、热电比等主要技术指标达到或超过国家电力公司一流火力发电厂标准，最大限度地减少三废排放和资源消耗，保护生态环境，提升企业综合竞争力。在全国大机组竞赛、节能减排评比中多次获奖。其中，3、5、6 号机组被评为省能效对标标杆机组，5 号机组在全国 300MW 级火电大机组竞赛中获得三等奖，公司被评为江苏省标杆电厂、省五星级数字企业等荣誉。同时，大力开拓供热市场，供热管线覆盖面积 15 平方公里，供热主管线长 30 公里，成功推进热电联产机组，精心运作电力和燃料市场，开辟外贸码头引进进口煤，最大限度挖掘盈利潜力。2012 年还投资建设太仓协鑫光伏科技有限公司，从事多晶硅切片、单晶硅切片的研发与生产。其多晶硅和硅片产销量分别占全球市场的 1/4 和 1/3，太阳能电站总装机居全球第二位。因此，协鑫集团在全球能源 500 强和中国企业 500 强、中国制造业 500 强中，连续 7 年位居新能源行业第一，实现了技术领导世界、成本领跑行业、份额领先市场。协鑫集团创始人、董事长朱共山被评为"2015 十大经济年度人物"和"SNEC 国际光伏产业卓越贡献奖"以及"2016 中国能源年度人物"。2022 年，太仓港协鑫发电有限公司实现总产值 416244 万元，上交税收 4647 万元。

2. 华能太仓发电有限责任公司。该公司成立于 1997 年 6 月 19 日，是中国和新加坡两国政府合作开发建设的苏州工业园区的基础设施配套项目，也是国家批准的利用国内外汇贷款购买国产发电设备发展电力工业的四个试点项目之一。电厂投资方分别为华能国际电力江苏能源开发有限公司、苏州工业园区中鑫能源发展有限公司、中新苏州工业园区市政公用发展集团有限公司、江苏省国信集团有限公司、太仓市金控发展有限公司。现有火电装机容量 190 万千瓦、集中式光伏 5 万千瓦、分布式光伏 3.6 万千瓦。"十二五"期间，先后投入巨额资金，对机组按照标准化实施 DCS、引赠合一、脱硝、低氮燃烧器和电除尘等重大技术改造，节能、减排等指标处于行业领先水平。紧紧围绕"保安全、多发电、控成本、增效益、谋发展"工作主线，内强管理，外抓市场，攻坚克难，扎实工作。在安全生产、降本增效等方面取得了显著成绩，先后获得"电力安全生产标准化一级企业"、安全管理"三星级"企业和"全国文明单位""华能集团文明单位""中央企业先进集体"，以及"全国模范职工之家""全国电力行业优秀企业"等荣誉称号。同时，建立华能太仓港务有限责任公司，为船舶提供码头设施，在港区内提供货物装卸、仓储等。2016年10月，公司建设成苏南最大的光伏变电站，该项目总投资3.2亿元，规划装机容量为40兆瓦，共计安装规格为285WP单晶硅组件15万多块，采用世界上最先进的光伏发电技术。这个项目入选江苏省2016年度"光伏领跑者计划"项目，填补了华能在江苏区域光伏发电的空白。项目建成后，年平均发电超过4600万千瓦时，每年可节约标煤约1.8万吨，少减排二氧化硫7.4吨、二氧化碳3.2万吨、氮氧化物7.4吨，并可节约大量淡水资源。2022年，公司实现总产值409855万元，营业收入376494万元。

3. 国能太仓发电有限公司。该公司成立于2005年1月26日，是国家能源集团控股经营的混合所有制发电企业，由国家能源集团江苏电力有限公司和众能电力（苏州）有限公司共同控股，双方股权各占50%。总装机容量1260MW，两台630MW机组分别为国内引进国外技术制造的超临界机组，于2005年11月8日和2006年1月20日陆续投产发电。在建设初期，公司就投入7亿元用于环境保护，两台630MW机组在国内率先实现了烟气脱硫、脱硝系统与主机的同步投运，其中7号机组为当时国内引进国外先进技术制造的第一台超临界机组。2015年，获得国家"节能循环经济和资源节约重大项目"拨款1000万元和江苏省"环境引导资金"962万元。"十三五"以来，公司企业管理、节能降耗、环境保护、安全生产等方面都取得了可喜的成绩。2022年，实现总产值287170万元，利润10098万元，上交税收8475万元。

（二）石油化工

石油化工产业主要包括润滑油生产基地和日用化工品生产基地。

1. 润滑油生产基地主要有埃克森美孚（太仓）石油有限公司、碧辟（中国）工业油品有限公司、中国石油天然气股份有限公司华东润滑油厂、太仓中石油润滑油添加剂有限公司、富兰克润滑科技（太仓）有限公司、江苏拉雅科技有限公司、太仓维嘉投资实业有限公司等。2013年以来，港区积极引导各润滑油生产公司加大技改投入，向新材料产业、物流贸易、总部经济等高端领域延伸，促进传统产业转型升级。经过10年的增资扩能，不再是过去意义上的传统产业，成了集润滑油生产、销售、加工于一体的石油新材料产业园区。

埃克森美孚（太仓）石油有限公司，成立于1995年9月，注册资金8038万美元，目前占地面积28万平方米，拥有吞吐量达200万吨独立码头，1997年6月25

日正式投产。2013年10月，实施润滑油改扩建项目，总投资4800万美元，采用埃克森美孚先进的润滑油生产技术，新建调配装置、先进的实验室以及成品和原材料储存等设施，更加注重安全和环保。2016年4月13日，扩建项目竣工，年产能增加28.4万吨，实现在现有基础上产能翻番，新增销售30亿元。2022年，公司实现总产值507510万元，营业收入320589万元，利润总额33520万元，上交税收22116万元。公司运用全球行业领先的高新科技，生产的"美孚"品牌润滑油产品超过200种，涵盖车用发动机油、车用齿轮油、工业汽轮机油、工业用齿轮油、工业液压油、船用油、其他特种油品及设备制造商指定用油。强大的生产能力使公司成为埃克森美孚全球最大的包装润滑油生产基地，很好地满足中国日益增加的润滑油业务需求。公司先后荣获埃克森美孚总部授予的润滑油及特种油品全球完美无瑕运作奖、润滑油及特种油品总裁奖和"2021年度太仓市突出贡献企业""纳税企业十强""亩均税收工业企业十强""纳税十强码头企业""进出口企业十强""先进外资工业企业十强""太仓港口安全生产优秀企业""太仓港环保示范企业""太仓市商务转型升级企业奖项"等光荣称号。

碧辟（中国）工业油品有限公司是BP在中国全额投资成立的英商独资公司，注册资金注册资金近5000万美元，2007年7月开工建设，2008年3月竣工投运，投资总额超1亿美元。主要生产Castrol嘉实多品牌的高端产品，广泛应用于汽车、工业设备等产品的日常运行，而且使用于飞机、火车、汽车、轮船、手机等工业产品的制造过程。该公司致力于建设高度自动化的世界一流润滑油厂，开发出了高端润滑油、润滑剂和金属切削液等200多个品种的产品，2013年，已实现15亿销售收入、超亿元税收，成为港区总部经济标杆。为了进一步强化市场开拓，拓展总部经济，公司实施滑油产能扩张，扩大Castrol嘉实多品牌高端润滑油、润滑剂和金属切削液产能，确保满足市场未来需要，逐步引进车用润滑油生产线。2015年10月15日，改扩建项目正式开工，投资总额约6000万美元。2018年1月17日，此项目竣工投产。扩建后的太仓润滑油调配厂占地超过6万平方米，拥有全面的润滑油产品组合，将生产嘉实多极护、嘉实多磁护和嘉实多嘉护，以及适用于汽车、工业、海洋以及航空等广泛领域的润滑油，将成为碧辟在亚太地区运营的最大润滑油调配厂，年产能实现翻番，达到16.3万吨。2022年，公司实现总产值324710万元，营业收入304515万元，利润总额12057万元，上交税收12467万元，为太仓工业经济、总部经济等方面发展做出更大贡献。多次获得港区授予工业销售、纳税先进企业、总部标杆企业、安全生产示范企业、环保工作示范企业和太仓市十大外资纳税企业等荣誉，是太仓亩均产出排名前列的企业。

中国石油天然气股份有限公司华东润滑油厂，于2003年12月19日奠基，2005年3月投产运营。实施"五统一、一集中"战略，对润滑油业务进行专业化整合，集润滑油储运、成品油调和、灌装于一体，先后开发出245个品种746个规格的润滑油。公司先后进行多次扩建和技改，生产能力从当初年产包装油仅5.6万吨，增加到现在35万吨，贮罐容量达到12万立方米，中转能力达到60万吨，成为中石油全国12个润滑油厂中生产规模最大的厂。2013年，公司投资3.5亿元，在港区建设太仓中石油润滑油添加剂项目，这一项目采用中石油荣获国家科技进步二等奖的高档复合剂生产技术，生产销售润滑油复合添加剂，产能将扩建到10万吨，年营业额预计超过30亿元。同时启动华东润滑油厂建设，规划建设10万立方米的保税储存库，承接国际基础油贸易和国产基础油出口等业务，一期产能达到7万吨，二期产能将扩建到10万吨，年营业额预计超过30亿元。2015年，扩建项目全部建成，拥有储罐容量14.02万立方米，包装线16条，润滑油调和能力36.4万吨／年，包装能力34.95万吨／年，仓储能力60万吨／年。基础油、成品油接收能力达到60万吨／年，调和能力36.4万吨／年，总灌装能力34.95万吨／年，添加剂生产销售10万吨／年，基础油外贸保税等20万吨／年，全年产值达到100亿元。技术装备在国内处于领先水平，成为中国石油润滑油公司生产能力最大、生产品种最多的润滑油生产厂之一。同时，带动相关产业联动发展，引发了强大的蝴蝶效应。过去华东润滑油厂只是一个纯粹的生产基地，没有销售、物流等职能，建设添加剂项目后，相应组建华东物流中心，开展润滑油及添加剂销售业务。并委托无锡四方制桶有限公司就在港区设了工厂，为其提供铁桶，又有山东几家制桶企业在太仓设立分公司，为其提供塑料桶，特约玖龙纸业、银鸽纸业为其提供纸箱包装。太仓有4家企业为其提供印刷品，润滑油厂生产设备的维护、各项工程服务，外包给了太仓本地几家公司。随着润滑油和添加剂产能的提升和销售的旺盛，公司经济效益一路飙升。2022年，完成总产值182484万元，上交税收1323万元。

太仓中石油润滑油添加剂有限公司，隶属于中国石油天然气股份有限公司润滑油分公司，是一家集添加剂储运、调和、灌装于一体的现代化添加剂生产企业。公司占地面积92亩，2013年12月19日奠基，2014年11月完成主体结构工程，2015年5月竣工，6月通过润滑油公司中交验收并完成所有设备的联调联试，7月单釜试生产并取得了一次性投产成功，8月14日完成首批试生产产品外运任务。技术装备在国内处于领先水平，是中国石油润滑油公司生产能力最大、生产品种最多的添加剂生产厂之一。累计投资1.7亿元，太仓添加剂公司共有储罐区150立方米储罐25具、100立方米储罐15具、75立方米储罐2具、50立方米储罐26具、20立方米储罐8具、1000立方米消防水储罐1具，共计77具，容量共7860立方米。机泵77台，8具复合剂调和釜，4具溶胶釜，3台DDU自动抽桶机，3条200L灌装线，年灌装能力3.13万吨，4车位汽车装车台，年散装出厂能力3.67万储罐容量。同时，具有较强的供给保障能力，拥有国内一流水平的调和技术和全自动灌装设备，具有最完备、设施最先进的添加剂分析、测试中心，随时随地为客户提供及时、完善的服务。

富兰克润滑科技（太仓）有限公司，是富兰克科技（深圳）股份有限公司旗下全资控股公司，创立于2003年，占地面积46363.9平方米，规划总投资约3.5亿元。产品包括金属加工液、新材料加工液、车用润滑油、轧制液、脱模剂、环保设备和自动化工业设备。在国内与苹果、微软、中航工业、兵器集团、上汽通用、东风、长城、吉利、比亚迪、宝钢、格力、舍弗勒、中船重工、瑞声、通达和富士康等知名企业已达成深入合作，在德国、韩国和日本拥有重要的海外合作伙伴，2022年，实现总产值19220万元，利税总额1081万元。公司在行业内拥有优异的创新和研发能力，高级技术研发人员毕业于国内外一流名校（斯坦福，麻省理工学院，复旦交大），有国际大公司（全球500强）和行业知名企业的研发经历和高级管理经验。自主研发各个应用领域的创新产品，满足客户的实用需求和设备条件。2021年，公司已经拥有专利55项，其中发明专利8项、实用新型专利44项、外观专利3项；取得软件著作权3项。

2. 日用化工品生产基地。此基地主要集聚了江苏宝洁有限公司、琪优势化工（太仓）有限公司、艺康（太仓）科技有限公司等。这些企业均建于"十二五"期间，投资规模大，效益高，对港区经济腾飞做出了重大贡献。

江苏宝洁有限公司成立于2010年8月20日，由美国宝洁公司投资建设，占地约1000多亩，建成华东生产基地和华东分销中心，是宝洁公司在亚洲最大的工厂。一期香波项目和液洗项目于2011年2月开工建设，2012年7月建成投产，生产车间采用全自动化生产线，生产飘柔、海飞丝、潘婷、沙宣等多个品牌的洗发水；液洗项目建成瓶装、塑料软包装2个类型的生产系统，塑料软包装技术引用宝洁技术中心开发的设备，瓶装引用宝洁北京技术中心设计的高速瓶装线。两个项目投产后，创造了亩均年产出 1000 万元、税收超 56 万元的奇迹，不仅成为太仓的纳税大户，而且成为港区转型升级的标杆。2022 年，公司实现总产值 393096 万元，利润 149806 万元，税收 68546 万元。

艺康（太仓）科技有限公司，由世界 500 强——美国艺康集团投资建设，自 2012 年 7 月投产以来，主要生产餐具固体清洁剂、饮料食品加工的原位清洗工艺以及用于餐饮服务业的去油污免清洗地板擦净剂等产品。2022 年，公司实现总产值 45828 万元，利润 3584 万元，上交税收 2570 万元。

琪优势化工（太仓）有限公司成立于 2009 年，系新加坡伟东化工私人有限公司投资设立，该公司由韩国梨树化学株式会社和印度尼西亚三林集团共同投资，双方各持股份 50%。公司投资总额 1.5 亿美元，注册资本 5600 万美元，由印度尼西亚三林集团和韩国的梨树化学株式会社在新加坡设立的伟东化工有限公司投资建设，总投资 9900 万美元，占地面积约 100 亩，建筑总面积约 3 万平方米，2012 年 6 月建成投产，主要生产及销售表面活性剂（直链烷基苯）及副产品（重烷基苯），并提供配套服务。公司引进美国环球油品公司的直链烷基苯专利生产技术，以梨树与三林长期积累的管理经验和高素质人才为依托，工艺技术行业领先，2013 年，产量约占国内同行的 1/5，一半销往国内，一半销往国外。2022 年，公司实现总产值 98910 万元，利润 7059 万元，上交税收 4228 万元。先后荣获太仓港区年度"先进外资企业十强""亩均税收企业十强"，获评"苏州市示范智能车间"。

（三）轻工造纸

轻工造纸产业主要有造纸纸品、建筑材料、纺织服装、电子信息、日常用品等。

1. 造纸纸品规上企业。主要有玖龙纸业（太仓）有限公司、玖龙智能包装（太仓）有限公司、苏州合久防火板有限公司、太仓欣昌包装材料有限公司、太仓瑞杰包装新材料有限公司、太仓市东新纸业有限公司等。

玖龙纸业（太仓）有限公司是造纸产业的龙头，成立于 2002 年，总投资近 120 亿元，建成了年产能 300 万吨的现代化造纸基地，主要生产卡纸、高强瓦楞芯纸以及涂布灰底白板纸，成为中国乃至亚洲最大的现代化箱板原纸生产基地。建厂以来，企业十分重视环保和节能减排，不断加大环保投入，引进国际先进的设备和技术，使纸业的各项环保指标做到优于国家标准。2014 年被江苏省环保厅相关负责人、瑞典专家组专家审计认定，玖龙纸业的清洁生产指标水平达到了瑞典造纸企业的清洁生产相关指标要求。2016年，在太仓市委领导的引导鼓励下，公司进一步加快转型升级步伐，上马废蒸汽热量回收等节能环保项目，持续降低吨纸的耗水量，有效实现了绿色发展，2019年9月，入选工业和信息化部绿色工厂名单。是年，为了推进传统制造业加快转型升级，公司决定盘活厂区存量土地，投资50亿元，高标准开发建设玖龙智能装备产业园项目。一期工程开发面积150亩，规划建设4幢高标准厂房，建筑面积4.85万平方米，2020年上半年正式投用。重点集聚智能装备、精密制造、汽车零部件等优质项目，打造了又一高端产业载体。2021年，玖龙纸业（太仓）有限公司、玖龙智能包装（太仓）有限公司实现总产值107.34亿元，税收总额2.34亿元，成为港区产值超100亿的规模工业企业以及纳税大户。

太仓瑞杰包装新材料有限公司，是由苏州华源瑞杰包装新材料有限公司设立的全资子公司，隶属于苏州华源控股股份有限公司的子公司，注册资本2000万元，成立于2018年5月，是一家专注于塑料包装容器的生产企业，主要从事注塑包装、吹塑包装、吹塑容器、日化包装以及异形吹塑等。

公司建有中空吹塑自动化智能生产线15条，自动化智能贴标生产线4条，并结合SAP（企业资源管理）、MES（生产过程执行管理）、OA（基于门户网站的办公自动化管理）等信息化系统的应用，将设备的生产信息流从MES延伸到SAP，在产品生产、质量控制及工艺优化、故障诊断与处理等方面，积极开展大数据深度应用，统一部署、统一管理，推动工业化、信息化有效融合，将公司的决策管理层、生产执行层以及设备运作层串联成一个有机的整体，实现管理层与生产层快速对接，通过自动化、智能化管理，实现效率提升、成本下降、质量可控。公司先后被评定为江苏省四星上云企业、江苏省五星上云企业、苏州市智能车间、互联网典型应用企业。

苏州合久防火板有限公司，于2015年9月25日注册成立，注册资本为3000万元人民币，主要经营生产、销售纸质防火装饰板等，自营和代理各类商品及技术的进出口业务。2022年，实现总产值11847万元，营业收入12001万元，利税总额925万元。

2.建筑材料规上企业。主要有太仓申昆混凝土有限公司、苏州良浦住宅工业有限公司、台玻太仓工程玻璃有限公司、苏州娄城新材料科技有限公司、可耐福石膏板（江苏）有限公司、太仓上电混凝土制品有限公司、苏州良浦天路新型建材有限公司、太仓市龙和混凝土有限公司、天瑞节能科技（太仓）有限公司、嘉特纳幕墙

（苏州）有限公司、龙牌粉料（太仓）有限公司、太仓耀华玻璃有限公司、太仓市索立得新型建筑材料有限公司、太仓上建同高混凝土有限公司等。2022年，14家建筑材料规上列统企业实现工业产值257058万元，上交税收9663万元。

3.纺织服装规上企业。主要有苏州博元纺织实业有限公司、太仓市伊丝利化纤有限公司、江苏东智禾新纤维科技有限公司、苏州锦超服饰有限公司、太仓市金佳漂染有限公司、太仓协丽针织服装有限公司、苏州汇能针织服装有限公司、苏州港荣纺织品漂染有限公司、苏州井村服饰有限公司、苏州金浪纺织有限公司、太仓市惠源化纤有限公司、太仓市海鸥纺织有限公司、太仓市阿尔法化纤有限公司、太仓市捷成胶线有限公司、太仓鸿百明纺织品有限公司等。2021年，15家纺织服装规上企业实现总产值123688万元，税收总额2996万元。其中苏州博元纺织实业有限公司创造产值26166万元，上交税收1122万元。2022年，该公司实现产值2626519万元，同比增长1.3%。

4.日常用品规上企业。主要有太仓德宝玩具制品有限公司、上海烟草集团太仓海烟烟草薄片有限公司、苏州优洁能液化石油气有限公司等。

太仓德宝玩具制品有限公司成立于2007年，是一家由中国香港和德国投资的合资企业。专业生产塑胶益智玩具，以仿真动物造型及经典艺术造型为主，产品种类繁多，环保无污染，产品远销欧洲、北美、东南亚等国家和地区，在海外玩具市场享有极高的声誉。德宝玩具公司在大力拓展公司规模，提升经济效益。2022年，实现营业收入9789万元，利税总额1071万元。

上海烟草集团太仓海烟烟草薄片有限公司成立于2004年，隶属于上海烟草集团有限责任公司下的一家全资子公司，占地面积14.85万平方米，注册资金69286.4万元，主要从事烟草薄片委托加工、烟叶购进、烟草薄片生产销售、与烟草薄片生产相关的技术咨询服务、烟草薄片仓储、香料销售等业务。年生产能力为1万吨造纸法烟草薄片。2021年公司生产薄片产品6259.72吨，销售薄片4454.56吨。2022年实现营业收入23119万元，税收总额1181万元。

盟迪（中国）薄膜科技有限公司系盟迪消费品包装国际有限责任公司于2011年8月15日在太仓港区投资建立的外资企业，注册资本为830万欧元，并自2013年10月开始正式经营。主要生产非织造、多功能化的产业用纺织品，销售公司自产产品；从事薄膜产品、纸制品及弹性无纺布材料的批发、进出口业务，并提供相关的技术咨询及配套服务。目前，实际主营业务为从事薄膜产品、弹性无纺布材料的生产与制造。

二、新兴产业

2013年以来，港区以构建现代产业体系为目标，瞄准世界产业发展前沿，全力推动新兴产业集群化、高新产业规模化，打造具有更强综合竞争力的现代产业高地。加快载体建设，加大招商引资和项目拓展力度，加强项目精细化服务和管理，加速转型升级步伐，做强做优新能源、新装备、新材料、新医药四大新兴产业。先后引进和建设了协鑫切片、奥特斯维电池片、海润电池组件、天顺风电塔筒、扬子江海工、润邦卡哥特科、中集冷箱、新宝谊钢管、宝洁、琪优势、艺康科技、霍尼韦尔、台玻、可耐福、雅本、弘森、大神、盟迪薄膜等一批重大高新产业项目，临江工业主导产业基本成型。在工业经济稳增长快转型中，新兴产业当起了升级"先锋"。港区新兴产业企业数量快速增加，占规模工业的比重大幅提高。"十三五"期末，港区列统55家规上新兴产业企业，实现工业总产值3374773万元，其中高端装备制造业19家，实现工业总产值891421万元，医药制造业6家，实现工业总产值112112万元，新材料制造业23家，实现工业总产值1874106万元，新能源制造业6家，实现工业总产值497134万元。至2022年底，港区形成了以绿色能源、先进材料、装备制造、健康诊疗为主体的产业集群。

（一）绿色能源产业

2012年，港区已经集聚了太仓协鑫光伏科技有限公司、太仓海润太阳能有限公司、中建材光电装备（太仓）有限公司等新能源产业企业。2013年以后，国内外知名新能源企业纷纷抢滩太仓港区，先后聚集了苏州天顺新能源科技有限公司、迪皮埃复合构件、迪森生物质能源、苏州矽美仕绿色新能源有限公司、巨仁光伏材料有限公司、瑞尔德LED、苏州凯利昂光电科技有限公司、艾尼科风力系统（太仓）有限公司等，产业覆盖太阳能光伏、海上风能、生物质能、新光源等多个领域。太阳能光伏产业形成了从研发、制造到集成应用较为完整的产业链，产业规模和经济效益不断增长，对港区聚集发展做出了重大贡献。

1.太阳能光伏。港区的太阳能光伏产业起始于2011年，起步阶段十分困难，2012年就面临欧美对华实施"双反"制裁威胁，国内光伏行业遭遇寒冬，很多中小型光伏企业破产，大型光伏企业也进入负盈利时代。在此情况下，港区一方面加快建设太仓港新能源产业园，大力引进龙头型、规模型、旗舰型企业，形成了"硅片—电池—组件—集成"的完整光伏产业链，实现了上游企业为下游企业提供门到门的配套服务，直接降低了各个环节的物流成本；另一方面鼓励光伏企业加大研发和技改投入力度，开发高效太阳能电池，拓展新兴市场，从而使太阳能光伏产业不仅顺利渡过难关，实现稳定盈利，而且呈现超常规发展势头。经过 10 年的不断创新发展，如今的太阳能光伏不仅是港区最大的新能源产业，而且在国内乃至国际具有较大的地位和影响力。太仓协鑫光伏科技有限公司是世界领先的多晶硅和硅片生产及研发基地，成为全球领先的光伏材料研发制造商与新能源开发运营商，其多晶硅和硅片产销量分别占全球市场的 1/4 和 1/3，太阳能电站总装机居全球第二位。在全球能源 500 强和中国企业 500 强、中国制造业 500 强中，连续 7 年位居新能源行业第一，实现了技术领导世界、成本领跑行业、份额领先市场。公司董事局主席朱共山为中国光伏产业联盟联合主席、亚洲光伏产业协会主席。

太仓海润太阳能有限公司开始由海润集团与德国肖特公司合资建设，肖特公司派工程技术和质量管理人员。2013 年，肖特公司因发展战略调整退出了太阳能光伏制造行业，但是德国先进的生产工艺、产品质量控制模式以及严谨务实的作风保留了下来。太仓海润太阳能有限公司依托奥特斯维能源高效太阳能硅电池国家地方联合工程研究中心和国家级光伏检测中心，不断开发高转化率低成本的新产品，强化原材料质量和工艺控制，突出 EV 交联度测试、性能测试与 IV 测试，2015 年，可年产 450 兆瓦太阳能组件，装进电站一年可以发电 4.5 亿千瓦时。产品各项指标达到了国家能源局推行的光伏行业"领跑者"计划要求，跻身全国上百家光伏企业的第一梯队。

2. 海上风能。以迪皮埃复材构件（太仓）有限公司、苏州天顺新能源科技有限公司和艾尼科风力系统（太仓）有限公司为主体，形成了以风电塔架、风力叶片、风力轴承等重要部件制造企业为支撑，专业化分工为纽带，技术创新和人才集聚为基础的风电产业集群。海上风能产业的发展特色是强化与产业链中间环节进行合作，整合同行的优势资源，携手开发终端市场，从而推动企业规模和实力稳步扩大。

迪皮埃复材构件（太仓）有限公司专业生产风力发电机叶片，与 GE 通用电气能源加强合作，向上游的模具开发延伸，向下游的风场叶片维护保养延伸，建设复合材料研发中心，联手东南大学等高等院校开发新品，改进半透膜用量和灌注消耗品用量等工艺，把单片叶片占模时间降低 1 小时，从而提高了新品生产质量和效率。主要研发生产风力涡轮发电机的叶片，长期与通用电气等世界 500 强企业合作。为了占据亚太区更多的市场份额，公司优化生产布局，跨江北上到大丰设立新工厂。大丰项目与太仓工厂南北互动，合力拼抢世界风电订单，由于开发的新型风电叶片具有科技含量高、重量轻、耐腐蚀、少维修等特点，生产的新型风电叶片出口美国、西班牙等地。

苏州天顺新能源科技有限公司成立于 2012 年 2 月 1 日，注册资本 4 亿元。2013 年，在港区投资 11.54 亿元，建成海上风电塔架、研发中心、风塔零部件加工及配送中心，形成了集研发与生产于一体的海上风塔基地。目前年产风力发电设备能力 1200 套（约 30 万吨），是国内风力发电塔架及配套产品制造的龙头企业，也是国内最具规模的专业风力发电塔架及配套产品制造企业之一。公司具有国内领先的风力发电塔架制造工艺和技术，已有 50 多项相关科研成果获得了国家专利，并拥有德国、意大利、美国等国进口的国际一流的专业生产和检测设备，包括坡口加工设备、双丝焊接设备、激光检测设备和平面测量设备等先进研发、测试及检测设备。2022 年，实现营业收入 219495 万元，税收总额 4548 万元。

3. 光电科技。主要有苏州凯利昂光电科技有限公司、中建材光电装备有限公司、奕瑞光电有限公司等。其中，苏州凯利昂光电科技有限公司由五洋集团投资 1.5 亿元建设，该公司紧跟手机变轻变薄的趋势，购进国际先进设备，进军手机产业链中的液晶显示屏薄化、镀膜、触摸屏二次强化等环节。企业的产品受到了天马集团、龙腾光电、台湾翰彩、日本 JDI 等手机面板行业中多家前十强客户的追捧。中建材光电装备（太仓）有限公司依托中国建材强大的技术实力，研制了自主知识产权的大面积磁控溅射低辐射镀膜玻璃生产线，2013 年 12 月通过了"十二五"国家重大科技项目支撑计划的专家组验收，申请受理专利十多项，其中发明专利 2 项。中建材光电制造的生产线完全可以替代进口，价格仅为进口同类设备的 60% 左右。

港区在集聚一批光伏、光电项目的基础上，引进了大族粤铭激光装备和同高科技激光焊接及瑞尔德（苏州）照明等项目。大族粤铭激光装备太仓基地将专注大幅面高功率二维平面激光切割系统、三维机器人激光切割焊接系统、三维五轴激光加工系统及自动化成套解决方案的研发、生产、销售及服务，年产能达 400 台套。同高科技引进大功率激光制造领域专家马特博士等高端人才，给激光焊接新工艺装上"大脑"，让多个机器人在一个狭小空间内自由精准作业，与美国 MBE、德国 ThyssenKrupp、德国 Laserline、北车和上汽等多家企业建立了紧密合作关系。

4. 生物质能。苏州迪森生物能源有限公司是一家从事生物能源的企业，成立于

2016年，注册资本为5300万元人民币。公司主要经营研发生物质能源、可再生能源、生物油、节能设备及技术转让，生产、销售生物质颗粒成型燃料（木质颗粒、秸秆颗粒）及提供相关技术服务，收购林产品、秸秆、稻壳、藤苇、干草、树叶、木屑等林业、农业木本、草本废弃物和剩余物加工成颗粒生物燃料。这种燃料与未处理过的木屑相比，热效率可提高4倍；与燃煤相比，没有二氧化硫排放；与燃油燃气相比，可节约能源30%。

瑞尔德（苏州）照明有限公司创立于2010年，是一家集LED照明生产、研发和销售为一体的专业照明公司。一期注册资金600万美元，厂区占地40余亩。已建成生产制造厂房面积6300平方米，专注于LED产品的应用产业，致力于推动LED绿色新照明，创造节能环保新环境。主营LED绿色照明灯具。照明产品涵盖商业、工业、建筑、道路、家用、特种照明等场所，以及太阳能和风能互补、燃料电池再利用等领域。公司致力于绿色、节能、安全能源产品的更新替代和发展，努力成为高效照明系统解决方案的优质供应商。

（二）先进材料产业

港区的新材料产业起始于石化产业园区，"十一五"期间，港区积极引导区内企业向新材料产业转型，鼓励华东润滑油厂、埃克森美孚、碧辟工业油品等企业加大技改投入，向物流、总部经济等高端领域延伸，促进中化HFC-125fa发泡剂、霍尼韦尔新材料等系列项目加快建设，成功打造新材料科技产业园。2007年是新材料产业项目集中投入高峰期，先后兴建旭川化学（苏州）有限公司、苏州永辉高分子材料科技有限公司、太仓北新建材有限公司以及台玻LOW-E玻璃项目，从而奠定以有机氟、发泡剂、树脂、低辐射玻璃、工程塑料、纸面石膏板为主体的新材料产业基础。

2013年以后，港区依托新材料科技产业园，发挥现有企业的产能，提升产业规模。同时与知名中介机构强化合作，赴重点区域进行专题招商，打响"央企牌"和"美资牌"，鼓励境内企业与世界知名企业进行合作，集聚了一批高分子、光电、核电、航空航天、建筑节能等功能性材料优质项目，至"十三五"期末，港区新材料产业形成了石化材料、金属新材料、功能新材料、新能源材料等产业集群。

1. 石化材料产业。此类规上企业主要有旭川化学（苏州）有限公司、太仓东华能源燃气有限公司、马森能源（太仓）有限公司、太仓中化环保化工有限公司、苏州华苏塑料有限公司、苏州永辉高分子材料科技有限公司、琪优势化工（太仓）有限公司、中化蓝天霍尼韦尔新材料有限公司、艺康（太仓）科技有限公司、苏州科法曼化学有限公司、江苏大力士投资有限公司、太仓泛能拓颜料有限公司、旭泰（太仓）新材料科技有限公司、太仓中石油润滑油添加剂有限公司、富兰克润滑科技（太仓）有限公司、苏州东特绝缘科技有限公司、建滔（太仓）化工有限公司、澳宏（太仓）环保材料有限公司、苏州华一新能源科技有限公司、嘉好（太仓）新材料股份有限公司、江苏农源生物科技有限公司、英克化工科技（太仓）有限公司等。

苏州华苏塑料有限公司成立于 1992 年，由美国华美集团占股 95%，江苏苏化集团有限公司占股 5%，两家公司共同投资 1 亿美元，注册资本 3800 万美元。公司占地约 330 亩，员工 385 人，主要生产各型高品质 PVC 树脂（乙烯法）及 PVC 薄膜两大类，其中 PVC 树脂年产能可达 14 万吨，PVC 薄膜制品年产能约 6 万吨。产品广泛应用于建筑建材、家居装修、体育休闲、交通运输、包装标示、电子电工、医疗防护、汽车等八大领域，充分满足市场和广大客户的需求。同时，连续多年获得政府多项荣誉，包括"太仓港区先进集团""纳税先进企业""出口创汇先进企业""工业销售先进企业""出口创汇突出贡献企业""十大高新产值企业""国开区外贸先进企业""制造业提升先进企业""智改数转示范企业"等。2021 年，公司获得江苏省工业和信息化厅授予的"江苏省绿色工厂"荣誉称号，并一次性顺利通过了 CIC 工信安全两化融合管理体系评定。2022 年，实现营业收入 81533 万元，上缴税收 1122 万元。

中化蓝天霍尼韦尔新材料有限公司，是由中化蓝天集团联合全球领先的特性材料供应商霍尼韦尔共同组建的一家中美合资企业，双方各持股份 50%。于 2011 年正式成立，注册资本 5999 万美元。公司主要生产和销售的 HFC-245fa 发泡剂，现已成为亚太区规模最大的 HFC-245fa 生产企业和重要的新型含氟发泡剂 HFO-1233ZD 生产企业，产品远销日本、韩国等东南亚国家以及美国、欧洲等多个国家和地区。公司拥有实用新型专利 38 项，同时积极开展以节能、环保和安全为目的的技术改造，不断地降低了生产成本，提高经济效益。2022 年，实现营业收入 90788 万元，利润 21670 万元，上缴税收 2878 万元。

旭川化学（苏州）有限公司致力于科技创新，投资 1000 多万元建成了技术研发中心，不断开发高端产品，人造革用聚氨酯新材料年销售超过 50 亿元，产能规模全国称雄。

嘉好（太仓）新材料股份有限公司成立于 2016 年 4 月，是一家集研发、生产、销售及售后服务于一体的热熔压敏胶专业制造商，注册资本 3800 万元，占地面积27 亩，拥有授权专利 10 项，其中发明专利 8 项。产品属于第三代热熔胶，为胶黏剂行业中的环保产品，所属细分领域为《国家重点支持的高新技术领域》目录中第四大类"新材料"中的"高分子材料高性能化改性和加工技术"，主要应用于卫生用品、医用产品、工业胶带、标签、防水等领域。公司累计投入 1.2 亿元完成了实验室、自动化包装产线及自动化立体仓库建设，引入了 MES、DCS、ERP 等软件管理系统。

2. 金属新材料产业。此类规上企业有 20 多个，主要有苏州隆兴供应链管理有限公司、怡球金属资源再生（中国）股份有限公司、五矿邯钢（苏州）钢材加工有限公司、苏州首钢钢材加工配送有限公司、玛顿重工（太仓）有限公司、太仓市创威精密制品有限公司、太仓四方友信制桶有限公司、格瑞夫（太仓）包装有限公司、苏州林昊板业科技有限公司、江苏敦邦钢结构工程有限公司、鼎泰铝业科技（太仓）有限公司、上海佳方钢管集团太仓有限公司、太仓新宝谊钢管制造有限公司、江苏金陵电力钢结构有限公司、江苏汉青特种合金有限公司、太仓市远斗铸造有限公司、荣兴（太仓）钢丝绳有限公司、太仓煜阳塑料五金有限公司、太仓市兴港金属材料有限公司、太仓市飞鸿塑钢制品有限公司、太仓中材钨业科技有限公司、太仓市富利鑫金属制品有限公司、苏州通钢舜业钢材加工配送有限公司等。

怡球金属资源再生（中国）股份有限公司成立于 2001 年 3 月 15 日，是一家专业从事生产与销售铝合金锭的企业，年生产铝合金锭 30 万吨，2022 年实现营业收入 118884 万元，利税总额 15035 万元，税收总额 1759 万元，公司已在上海证券交易所主板成功挂牌上市。目前为国际再生资源协会 BIR 和废旧循环利用工业协会ISRI 的会员、中国有色金属工业协会再生金属分会常务理事单位。

3. 功能新材料产业。此类规上企业主要有北新建材太仓有限公司、苏州博克生物科技股份有限公司、中广核三角洲（江苏）塑化有限公司、中广核三角洲（苏州）高聚物有限公司、阿普拉（江苏）塑料制品有限公司、苏州金汇科技材料有限公司、太仓市金鹿电镀有限公司、盟迪（中国）薄膜科技有限公司、岱纳包装（太仓）有限公司、太仓祥好塑胶科技有限公司、江苏泰昌电子有限公司、太仓市华夏电镀有限公司、速的奥（太仓）实业有限公司、苏州维可电镀有限公司、太仓丹妮尔模塑汽配有限公司、太仓市立新电器塑料有限公司、太仓市嘉时塑料制品厂、太仓市申宏橡胶制品有限公司、太仓巨洲塑料科技有限公司、苏州派艾格包装材料有限公司、太仓市开源橡胶有限公司、苏州锐驰朗新材料有限公司、苏州颐顺环保新材料科技有限公司、佳顺工程塑胶（太仓）有限公司、太仓耀华玻璃有限公司、苏州良浦住宅工业有限公司、可耐福石膏板（江苏）有限公司、苏州合久防火板有限公司等。

太仓北新建材有限公司系世界500强中央企业中国建材集团旗下的A股上市公司北新集团建材股份有限公司独立投资设立的法人独资企业，目前已发展成为中国最大的绿色建筑新材料集团、全球最大的石膏板产业集团，主营产品为国家重点鼓励重点发展的绿色、环保轻质新型建材，主要包括纸面石膏板、功能型轻质板材、装配式复合墙体及配套轻钢龙骨产品体系等，现拥有3000万平方米先进智能化石膏板生产线两条及配套年产20000吨自动化轻钢龙骨生产线9条，生产所用原材料为燃煤电厂工业副产物脱硫石膏，实现固体废弃物高效、高附加值利用，据统计10年来累计消纳固废400余万吨。公司依托北新建材国家级企业技术中心、中心实验室等平台，拥有自主知识产权的利用100%工业副产石膏生产石膏板成套技术，打破国外技术垄断，以专利申报为契机，促进技术水平的提升，目前累计形成专利148项（其中发明专利21项），完成自主研发项目50项，获得创新技术奖励30余项，都已投入到生产线中，经济效益逐年稳步提升，公司自成立投产至今完成石膏板产量约4.2亿平方米、轻钢龙骨12万吨，创造营业收入约33.8亿元、净利润约6亿元，累计上缴税收约2.8亿元。

中广核三角洲（江苏）塑化有限公司成立于1983年11月，由中广核高新核材集团投资，注册资本52067.8万元。自建产业基地一期项目占地约112亩，于2019年11月29日正式投产，生产线46条，年生产能力13万吨。二期项目占地38亩，总投资2.05亿元，2023年投产，主要业务为研发、生产、销售高分子线缆材料、特种高聚物材料，为客户提供PVC、PE、POE、橡胶、尼龙、半导电、XETFE等高分子线缆材料，以及TPV等弹性体材料的产品与技术支持。通过自主研发、产学研合作等形式不断推进科技成果转化，现拥有技术秘密1400多项、有效授权发明专利65项，累计参与9项产品的国家标准、行业标准、团体准制定，承担多项国家级、省级、市级科技项目。

太仓耀华玻璃有限公司不断加大投入，开发新技术新工艺新产品，生产的钢化玻璃、夹层玻璃、中空玻璃、镀膜玻璃、防砸玻璃，不仅满足国内客户需要，而且远销日本、澳大利亚、印度、中东等海内外市场。

4.新能源材料产业。此类规上企业主要有苏州太能生物能源有限公司、苏州迪森能源技术有限公司等。

至2022年末，港区新材料列统规上企业达73家，实现总产值452.53亿元，营业收入410.14亿元，税收总额15.01亿元。其中苏州隆兴供应链管理有限公司总产值超过59亿元，五矿邯钢（苏州）钢材加工有限公司、太仓中化环保化工有限公司总产值超过10亿元，还有超过亿元产值的企业30多家。

（三）装备制造产业

2012年，港区已有中集集装箱、玛顿节能敦邦交通运输装备、法孚低温设备、佳方钢管、新宝谊钢管、润邦卡哥特科港口装卸装备、艾克森换热设备等新装备产业项目。2013年以后，港区按照上下游延伸与配套的思路，依托同高院、欧美高新技术产业园、玖龙智能装备产业园等载体，引进龙头旗舰型项目，逐步形成了市场竞争优势显著、专业化程度高、产业链完善、上下游配套齐全、创新能力较强的高端装备产业发展新格局。同时，规划建设了重大装备产业园和玖龙智能装备产业园，打造出了海工装备、交通运输装备、智能装备三个具有集聚效应的产业基地，形成了一批具有世界影响力的特色企业，为太仓、江苏乃至中国的新兴产业发展和经济结构转型升级做出了重大贡献。至2022年，港区形成了海洋工程装备、智能制造装备、汽车零部件装备、工程装备等新装备产业集群。

1.海洋工程装备产业。主要有江苏扬子江海洋油气装备有限公司、江苏扬子三井造船有限公司、江苏扬子诚康海洋装备有限公司、太仓中集集装箱制造有限公司、太仓中集特种物流装备有限公司、太仓中集冷藏物流装备有限公司、江苏润邦工业装备有限公司等，初步形成了海洋装备三大制造企业、集装箱制造四大巨头。其中江苏扬子三井造船有限公司成立于2019年5月，是由扬子江船业集团与三井E&S控股有限公司旗下的三井E&S造船株式会社和三井易艾斯（中国）有限公司以及三井物产株式会社合资成立的合资船厂，注册资金9990万美金。企业以苏州市级企业技术中心、苏州市船舶与海洋工程技术研究中心、省研究生工作站为主要研发平台，与江苏科技大学、上海船舶研究设计院、中国船舶工业集团公司第七〇八研究所等国内顶级院所开展多种形式产学研合作，致力于国家重点鼓励支持的新技术、高附加值船舶研发、设计、制造。公司主营巴拿马型散货船的建造，并在2021年接单29艘，手持订单排至2024年，并取得3艘LPG船订单，实现公司走向清洁能源船舶的突破；2022年，实现营业收入237290万元，利税总额12785万元，是港区纳税十强企业。

江苏润邦工业装备有限公司（润邦工业）是由江苏润邦重工股份有限公司投资的全内资有限责任公司，成立于 2012 年 5 月，注册资本 5.16 亿人民币，公司旗下全资子公司太仓润禾码头有限公司，主要从事各类特种装备的设计、制造、销售、安装改造修理；各类工程建设活动机械设备研发、租赁及海洋工程装备制造等高端装备设计研发生产制造。主要产品包括集装箱轮胎式起重机（RTG）、集装箱轨道式起重机（RMG）、全自动轨道式集装箱起重机（ASC）、岸边集装箱起重机（STS）以及折臂式海洋工程起重机（OFS）、高空作业平台等。公司拥有多项国家先进技术专利，并拥有行业领先的起重设备制造能力，通过强化基础管理实现高效运作，为客户提供优良的起重装备、高端港口装备及海工、高空作业平台解决方案，业务覆盖欧洲、美洲、亚洲等，产品出口到 60 多个国家和地区，先后荣获"高新技术企业""江苏省民营科技型企业""江苏省信用管理贯标企业""太仓市进出口十强企业""太仓市十佳专利示范企业"等荣誉称号。

太仓中集集装箱制造有限公司是全球规模最大的特种物流装备制造商之一，也是中集集团在华东地区特种物流装备制造业务的研发中心及生产基地。开发、生产的各类 ISO 标箱与特种集装箱等物流装备和模块化产品在太仓走向世界。旗下的太仓中集冷藏物流装备有限公司是中国第一家冷藏集装箱生产商，产品覆盖全球知名的船公司和租箱公司，市场占有率全球第一。

太仓中集集装箱制造有限公司成立于 2004 年 5 月 12 日，公司占地面积 412.42 亩，注册资金 3100 万美元，总投资 4620 万美元，主要从事标准集装箱的制造、销售和服务，年生产能力 30 万台标准箱。2022 年公司实现营业收入 292343 万元，利税总额 56889 万元，上交税收 24282 万元。

太仓中集特种物流装备有限公司于 2016 年 2 月 5 日由太仓中集集装箱制造有限公司存续分立成立，公司占地面积 476.53 亩，注册资金 4000 万美元，总投资 5820 万美元，主要从事特种集装箱、物流运输装备、集装化集成装备等的研发、制造、销售和服务，年生产能力为 15 万台标准箱和 10 万台特种箱，产品涵括 12 大系列、100 多个品种，涉及公路、铁路、海运、矿产、建筑、石化、能源、医疗、环保、航天等多个领域，是目前国内特种集装箱产品研发、制造能力都较强的企业之一。2022 年，实现营业收入 347113 万元，利税总额 72101 万元，上交税收 16028 万元。

太仓中集冷藏物流装备有限公司是世界领先的冷链物流装备供应商，成立于

2008年6月23日，由中集集团冷链投资有限公司、深圳中集海运冷链科技（集团）有限公司共同出资成立，投资总额9.06亿元，注册资本4.5亿元，占地面积约35万平方米，具备年产7万台冷藏集装箱的生产能力。主要业务领域包括20'、40'的ISO标准冷藏集装箱、6'到53'各种规格的不锈钢非标准冷藏集装箱、各类集装箱冷机等，提供高品质与可信赖的装备和服务。公司拥有授权专利60项，其中发明专利授权11项，授权实用新型49项，先后获得"江苏省高新技术企业"称号，获得省高新技术产品4项，通过江苏省新产品新技术鉴定3项。产品已通过美国ABS、法国BV、中国CCS等世界各大知名船级社检测和认证，经济效益良好，2022年，实现营业收入185639万元，利税总额9470万元，先后获得"行业领军企业""智改转型示范企业""太仓市十大外贸进出口企业""国开区先进企业"等荣誉称号。

2. 智能制造装备产业。主要有苏州大族松谷智能装备股份有限公司、鸣志精密制造（太仓）有限公司、同高先进制造科技（太仓）有限公司等。

激光智能装备产业发展在国内尚处于起步阶段，而在港区在2017年已经风生水起。引进的苏州大族松谷智能装备有限公司，专业从事工业激光装备的研发生产与销售维护，高功率激光装备研发生产基地，把激光技术与机器人的优势结合起来，植入电子计算机、互联网等新技术，开发出多种适用于汽车领域的大幅面高功率二维平面激光切割系统、三维机器人激光切割焊接系统、三维五轴激光加工系统、激光切割设备、激光管材切割设备等智能激光装备，竞技国际舞台。

鸣志电器（太仓）有限公司由上海鸣志电器股份有限公司于2017年9月7日出资设立，投资总额55000万元，注册资本18000万元，核心业务聚焦信息化、自动化和智能化技术应用领域内控制执行元器件及其集成产品的研发和经营，主要产品包括微电机、电机驱动器、伺服电机、传感器、机电设备、LED驱动器以及智能LED驱动器、电源供应设备、工业自动化设备等。2022年初建成的鸣志（太仓）智能制造产业基地是鸣志电器在全球范围内规模最大、产品线最完整的生产基地，项目占地面积110亩，建成达产后可实现年营业收入超过120000万元。2022年度实现营业收入24335万元，利税总额877万元，先后获得了"国家高新技术企业""江苏省民营科技企业""年度投资先进企业"等荣誉。

同高先进制造科技（太仓）有限公司成立于2014年7月，注册资本7200万元，是一家面向先进智能制造的高新技术企业。同高科技汽车工程装备项目总投资1.89

亿元，于 2020 年 10 月竣工验收，一期设备已经正式投产运营，主要从事汽车车身及零部件、航空航天飞行器、高铁客车及大型海工装备等大功率激光智能制造工艺的研究及相关自动化智能制造装备的应用开发，为相关生产企业提供解决方案、制造装备研发、生产工艺优化改造等产品和服务。终端客户包括一汽红旗、上汽、大众、宝马、奔驰、奥迪、福特、通用汽车、吉利－沃尔沃等大型汽车主机厂，同时为长春北车、科华股份、航天八院、同济大学等知名高科技企业及科研院所提供高端智能装备，客户市场领域覆盖中国、韩国及东南亚区域，2022 年，实现营业收入 7458 万元，先后获得"江苏省民营科技企业""科技人才先进企业""江苏省工程技术中心""江苏省外国专家工作室""江苏省研究生工作站""苏州市专精特新示范中小企业""苏州企业技术中心"等荣誉。

3. 汽车零部件装备产业。主要有赛埃孚汽车保修设备（太仓）有限公司、太仓安路驰汽车部件有限公司、瀚德（太仓）密封系统有限公司、宝东（太仓）激光科技有限公司等。瀚德（太仓）密封系统有限公司前身瀚德（中国）汽车密封系统有限公司苏州分公司，成立于 2017 年 6 月。2021 年 4 月起变更为太仓子公司，注册资本 5000 万美金，是一家专业从事汽车零部件研发、制造、销售的高新技术企业。一期项目于 2017 年 12 月竣工投入使用，二期项目于 2019 年 3 月竣工投入使用，一期、二期项目总投资额 12775 万元。三期、四期项目建设于 2022 年 4 月起正式投入使用，三期、四期项目总投资额 55000 万元。公司致力于为主机厂客户提供整车密封条产品的研发、制造、生产工艺优化改造以及最优化的解决方案。主要客户涵盖传统汽油车和新能源车两大领域，包括特斯拉、通用、大众、上汽、沃尔沃、福特、吉利、北汽、比亚迪、小鹏、集度等。同时也为一些主机厂的一级供应商提供配套服务。2021 年实现总产值 2.86 亿元，2022 年提升至 5.27 亿元，增长277.5%。

宝东（太仓）激光科技有限公司投资 1.5 亿元在港区佳发产业园上马智能激光装备及汽车零部件轻量化制造研发项目。从事智能高效激光切割技术研发、高速热成型多工位激光设备生产、激光切割汽车轻量化零部件制造，进一步壮大港区激光智能装备产业。

4. 工程装备产业。主要有法孚低温设备（苏州）有限公司、龙杰机械装备（太仓）有限公司、艾克森（苏州）传热技术有限公司、苏州科峰电器成套有限公司、苏州华辰净化股份有限公司、太仓井泉金属制品有限公司、太仓求精塑模有限公司、江苏恩纳斯重工机械有限公司、太仓卡德机械有限公司、太仓市富飞尔五金制品有限公司、苏州中远电梯有限公司、太仓金钢重机轧辊有限公司、江苏特宝利尔特种电缆有限公司、美轮运动器材（太仓）有限公司、苏州格燊制药设备工程技术有限公司、泉宏精密机械（苏州）有限公司等。

苏州华辰净化股份有限公司成立于 2002 年，是美国水质协会、国际脱盐协会会员，专业从事水处理，物料分离，浓缩技术研究及设备的制造。2011 年至今连续 4 次被授予江苏省高新技术企业。2015 年由太仓华辰净化设备有限公司整体变更为苏州华辰净化股份有限公司，并于 2015 年 10 月成功挂牌新三板。2021 年，公司销售收入 1.39 亿，上缴税费 580 余万元。多年被评选为优秀民营企业，优秀高新技术企业。

2022 年，港区列统规上装备产业企业实现工业总产值 178.68 亿元，比 2012 年的 18.3 亿元总产值增长了近 10 倍，税收总额 6101 万元。

（四）健康诊疗产业

港区最早的医药、医疗产业企业有苏州弘森药业股份有限公司和苏州华益美生物科技有限公司。2013 年开始，港区以弘森药业和华益美生物主体，整合现有资源，加快建设太仓生物港，着力发展新医药产业，打造以体外生物诊断试剂及器械、新医药成果转化为主要内容的生物医药特色产业基地，构建企业孵化器、加速器、产业基地的"三级跳"模式。经过 10 年的努力奋斗，依托生物港载体，有力地推动了新健康产业快速发展，形成了医疗、医药、医械和个人护理"三医一理"并举的产业格局。同时，以宝洁、博克、利洁时为主体的个人护理产业，与"医疗、医药、医械"产业相加，构成了"大健康"产业集群。

1. 生物医药产业。为了快速推进生物医药产业的发展，港区致力建设太仓生物港，规划建设面积达 500 亩，其中启动区 250 亩，建设 18 万平方米 GMP 厂房，2015 年建成一期 2 万平方米，成功吸引了吉泰生物、华益美、海苗、格燊、卓阮等 16 家公司入驻发展，引进国家"千人计划"、省"双创"、"姑苏人才"计划等人才 12 人。2019 年 4 月建成二期 3 万平方米，吸引了中新棠国业、卓阮生物、依柯赛、联清、康吉、奕瑞、艾因、弘森等 30 多家优质企业入驻，提供孵化、加速等服务。2021 年完成三期 6 万平方米建设。至 2022 年末，太仓生物港已经集聚了江苏宝洁有限公司、苏州弘森药业股份有限公司、苏州华益美生物科技有限公司、苏州雅本化学股份有限公司、依科赛生物科技（太仓）有限公司、利洁时（苏州）有限公司、中新棠国业（苏州）医疗科技有限公司、苏州博克生物科技有限公司、百德（苏州）医疗有限公司等企业。生物港先后被认定为江苏省级科技企业孵化器、省级众创空间，成为中科院生物与化学交叉研究中心转化医学基地、上海理工大学生物医药与医疗器械科技成果转化基地、北欧医疗太仓发展基地，与上海交通大学、温州医科大学等高校建立了长期产学研合作关系，已经形成以项目引人才、以人才带项目互动发展的良好态势。

苏州弘森药业股份有限公司成立于 2009 年 4 月 17 日，注册资金 9800 万元，占地 5.3 万平方米，建筑面积 2.5 万平方米。公司现有药品批准文号 147 个（原料药 22 个，固体制剂 91 个，小容量注射剂 32 个，吸入溶液剂 2 个），申请发明专利近 30 多项，其中 1 项全球专利（PCT 专利）。目前公司获得国内商标授权 28 件，新提交国内商标申请 8 件，努力创国内外知名商标，并且取得国家高新技术企业认定、知识产权管理体系认证、江苏省工程技术研究中心、江苏省民营科技企业、江苏省研究生工作站等多项荣誉资质认证。同时，通过与中国药科大学、上海医工院等高校及科研院所进行产学研合作研发，致力于开发新型抗病毒、呼吸系统、神经系统、消化系统、心血管药物等专科药物，主营产品 2021 年销售收入为 29013 万元，利润总额为 5078 万元，利税 3014 万元。

苏州华益美生物科技有限公司成立于 2011 年，是专业从事体外诊断试剂研发、生产、销售及技术服务的高新技术企业。公司拥有先进的自动化智能工作平台、自动化核酸检测仪器及符合药品 GMP 管理要求的净化车间，在省双创领军人才的带领下，与国内外知名大学遗传实验室紧密合作，成功研制了血液核酸筛查、临床检验、标准物质及高危传染病应急等产品。

苏州雅本化学股份有限公司是一家从事药物活性原料和中间体研发、生产、销售的高科技企业。在领军人才江岳恒的带领下致力于打造"太仓手性谷"，进行手性技术、多糖技术、杂环技术等药物合成高端技术研究。

太仓新太酒精有限公司成立于 1997 年 11 月 14 日，是一家以木薯、谷物等富含淀粉的农产品为原料专业生产酒精的企业，为中国酒业协会酒精分会副理事长厂单位，江苏省酒精协会会长单位。年产能达到 50000 吨酒精，副产品二氧化碳 35865 吨。酒精产品出口日本、韩国、新加坡、美国、加拿大、阿拉伯联合酋长国、德国、澳大利亚等国家和地区，国内销往 28 个省、市、自治区，在国内外赢得了良好的声誉，并且与辉瑞、诺华、阿斯利康、百时美施贵宝、拜耳、奇华顿等国内外知名企业保持良好的合作关系，在高端酒精市场份额占有明显优势。2022年实现总产值68868万元，税收总额2398万元，人均创税约25万元。近几年，公司获得"纳税大户""安全环保先进企业""转型升级先进企业""苏州市级农业产业化龙头企业""循环经济试点企业"以及"江苏省绿色工厂"等荣誉称号。

2. 医疗科技产业。主要有奕瑞影像科技（太仓）有限公司、苏州华益美生物科技有限公司、苏州格桑生物制药设备工程技术有限公司、苏州海苗生物科技有限公司、百德（苏州）医疗有限公司、苏州恒度生物技术有限公司、中新棠国业（苏州）医疗科技有限公司、广州科方生物技术股份有限公司等。

奕瑞影像科技（太仓）有限公司主要从事医用非晶硅 X 射线探测器的研发和生产，同时组建平板探测器的关键部件碘化铯闪烁屏研发平台和平板探测器中试基地。生产的数字化 X 线探测器覆盖包括医疗、齿科、放疗、兽用、工业和安防等诸多应用领域，同时其卓越的研发和生产能力均处于行业领先地位。该公司产品远销美国、欧洲等全球 40 多个国家和地区，已成为中国平板探测器制造的领军企业。

苏州华益美生物科技有限公司是一家专业从事体外诊断试剂研发、生产、销售及技术服务的高科技企业，研发生产的核酸检测试剂在国内外均处于领先地位。2014 年，在非洲埃博拉病毒大肆爆发之际，公司给刚研制出的埃博拉病毒核酸五重 PCR 快速超敏检测试剂盒及应用技术申报发明专利，这将有效避免一般发热、肌肉疼痛、头痛和喉咙痛患者被误诊为埃博拉病毒感染患者，更为埃博拉患者赢得宝贵的治疗时间。

苏州格桑生物制药设备工程技术有限公司在生物港投资 2.5 亿元，建设生产基地、销售中心及研发中心，生产的血筛"四合一"核酸检测试剂，是国际先进的第五代乙型肝炎病毒、丙型肝炎病毒、人类免疫缺陷病毒 I 型和 II 型的核酸检测试剂，是体外诊断增长最快的细分市场之一。

百德（苏州）医疗有限公司，2012 年 6 月 5 日注册成立，2018 年迁址至太仓生物港，注册资本 4098.5 万元，是集高端医疗设备研发、生产、销售于一体的企业集团。旗下拥有 2 家生产型企业：百德（苏州）医疗有限公司、南京长城医疗设备有限公司。4 家配送型企业：贵州百源医疗有限公司、河南瑞德医疗器械有限公司、国科百德（广东）医疗有限公司、瑞科德生物科技（厦门）有限公司。涵盖医疗设备研发制造的上下游产业链。公司总部设在太仓港，提供的产品和服务遍及全国大部分三级、二级医院，形成了高效率、覆盖全国的服务网络，在各级客户端中均拥有良好的服务口碑和赞誉。2021年9月28日递交上市资料给香港联交所，上市拟募集资金1亿美元，募集资金主要用于增加销售区域和人员以及学术会议的销售费用、研发投入，包括现有产品的升级、人工智能医疗方面应用以及新的非同类产品研发。

苏州海苗生物科技有限公司落户生物港一期，与中国科学院生物与化学交叉研究中心建立紧密合作关系，成为中国科学院生物与化学交叉研究中心转化医学基地，与国家"千人计划"的人才合作研制检测早期癌症的诊断试剂。

苏州恒度生物技术有限公司成立于2020年1月，拥有研发及生产场地5000余平方米，是一家专注于生物技术领域内微球产品研发及生产的高新技术企业。公司拥有微球单分散精准控制技术，能够提供粒径范围从10纳米到1000微米范围内不同结构、不同材料组成、任意大小单分散微球。产品主要包括乳胶微球、彩色微球、磁性微球、荧光微球、流式微球、标准微球等全系列微球产品。产品粒径均一可控，多种功能指标可进行定制性调节，产品成功地应用到不同领域，自主研发的微球产品技术水平处于国内领先。

中新棠国业（苏州）医疗科技有限公司是一家专门从事人体硬组织领域修复替换材料及相关器械的研发、生产与经营的专业化公司，拥有纳米氧化锆韧性陶瓷材料技术、再生生物活性骨材料技术、个性化医疗植入物制备技术等核心技术。创新研发的新型高性能生物活性骨材料可以应用于骨折、骨缺损以及融合治疗。

广州科方生物技术股份有限公司是一家专注于生物医药领域体外诊断试剂（1VD）及临床检验分析仪器的研发、制造、销售的高新技术企业，该公司来到港区投资3亿元上马科方体外诊断试剂及检测设备项目，实施"荧光免疫定量POCT""化学发光免疫诊断"两个行业技术含量较高的体外诊断产品研发生产及相关检测分析仪器装配。

3.大健康产业。主要有江苏宝洁有限公司、利洁时全球研发制造中心、苏州博克生物科技股份有限公司等企业组成的保健、护理新兴产业。

利洁时全球研发制造中心，是英国利洁时集团投资的企业，总投资3亿美元，注册资本1亿美元，一期占地170亩，二期预留50亩，系高端医疗器械和大健康产业，打造利洁时全球研发中心、全球最大的生产基地、华东最大的品牌运营和销售总部。中心主要生产杜蕾斯品牌安全套、滴露品牌个人护理用品及其他利洁时公司下属营养品、清洁卫生用品等产品。按照"熄灯工厂"的设计要求，实现高度的智能化与自动化，成为制造业建设的典范。项目达产后将实现年产值30亿元，纳税超1.5亿元。利洁时一期项目完成投资1.19亿美元，建筑面积40012平方米，其中滴露厂房面积15663平方米，预计年产18万吨滴露系列产品。利洁时二期项目占地50亩，规划建设PU材料生产设施及杜蕾斯相关产品，年产11亿片杜蕾斯避孕套。二期计划投资4500万美元，建设杜蕾斯厂房约16000平方米。

苏州博克生物科技股份有限公司成立于2012年4月12日，是一家集研发、生产、加工、销售化妆品（护肤水和润肤霜）洗涤用品（洗发水）、日用品（护发素）、自营和代理各类商品及技术的进出口业务的民营企业，占地面积70亩，建筑面积54684平方米，总投资2亿元人民币，注册资本1111万人民币，拥有先进的生产加工流水线、完善的产品检测设备和专业技术人员。2021年产日化用品数量在5592万套，实现工业产值74745万元，上交税收162万元。

第三节　服务产业

2013年以来，港口服务产业依托港口码头，加快载体建设，引进重大项目，拓展服务领域，集聚物贸企业，发展水平长足进步，基本形成了港口运输业、物流贸易业、商务服务业"三业并举"以及企业规模化、运作高端化、效益优质化"三化俱全"的现代服务业发展体系。其中港口运输业已经从靠泊服务、装卸服务、仓储服务、运输代理向船舶注册、船舶买卖、航运交易、海事诉讼、船舶租赁、航运咨询、航运金融等现代航运服务产业拓展；物流贸易业从货物运输仓储采购、批发零售逐步向大宗商品交易、电商平台、跨境电商、总部经济、供应链管理、信息资讯服务、综合物流服务以及各类特色物贸发展；商务服务业，不仅局限于旅馆、酒店、商业等传统服务业，而且向金融、保险、中介、信息、咨询、培训租赁、旅游、物业、房地产、服务外包、第三方检测、人力资源服务等领域拓展。

一、港航服务业

（一）港口运输业　太仓港拥有港口码头、陆运运输企业25家，支撑着港口物流业的发展。为了推进"流量经济"向"物贸经济"升级，港区积极鼓励港口运输服务企业在当地注册开票，并在政策上给予激励，即对不在太仓港注册、开票在外的企业不享受现行奖励政策，而且在信用评定时严格考核，从而使运输服务业的贡献率逐步提升。苏州现代货箱码头有限公司、太仓港上港正和集装箱码头有限公司、太仓万方国际码头有限公司、太仓国际集装箱码头有限公司、太仓武港码头有限公司、苏州美锦码头有限公司、太仓港正和兴港集装箱码头有限公司、太仓润禾码头有限公司、华能太仓港务有限责任公司、江苏京迅递供应链管理有限公司、江苏久鼎联合物流有限公司、江苏耀华物流有限公司、招商局物流集团苏州有限公司、太仓海皇物资运输有限公司、太仓玖龙运输有限公司、太仓港宏港物流有限公司、太仓陆丰国际物流有限公司、苏州兰森国际物流有限公司、太仓华腾货运有限公司、太仓海格捷顺运输有限公司、太仓市和海物流有限公司、太仓市富桥实业有限公司24家列统企业，在"十三五"期末实现营业收入969241万元，利润总额32935万元，税收总额27196万元。

（二）代理服务业　运输产业的良性运营，带动了货代、船代、理货等方面的服务产业，集聚了17家多式联运和运输代理企业。"十三五"期末，苏州龙达国际货运代理有限公司、中国太仓外轮代理有限公司、太仓中远海运船务代理有限公司、太仓新太国际船舶代理有限公司、太仓中理外轮理货有限公司、苏州港兴国际船舶代理有限公司、太仓励荣国际船舶代理有限公司、太仓浩莱货运代理有限公司、太仓瑞泰船务代理有限公司9家运输代理企业实现营业收入131553万元，实现利润9792万元，完成税收1344.7万元。太仓中理外轮理货有限公司、太仓中联理货有限公司2020年实现营业收入分别为3002万元和1168万元，利润分别为185万元和331万元。多式联运和运输代理企业实现营业收入172468万元，税收总额2592万元。

（三）驳运仓储业　太仓港码头集聚了装卸、驳运、仓储列统企业16家，主要有似鸟（太仓）商贸物流有限公司、太仓港福人林产品开发有限公司、太仓阳鸿石化有限公司、江苏长江石油化工有限公司、太仓港公用集装箱作业有限公司、太仓图辉仓储管理有限公司、太仓普港仓储设施有限公司、江苏盛尔昌港口服务有限公司、江苏京迅递供应链管理公司、太仓事事欣装卸搬运有限公司、上海中海通储运有限公司太仓有限公司、太仓港华辰致远实业发展有限公司、太仓弘仁保税物流有限公司、太仓邦达新物流有限公司、太仓新港物流管理中心有限公司、太仓市鲁薛装卸运输有限公司等，2022年，实现营业收入1050166万元，上交税收11145万元。其中税收超1000万的有5家，太仓阳鸿石化有限公司4604万元，似鸟（太仓）

商贸物流有限公司 2383 万元，江苏长江石油化工有限公司 1972 万元，江苏京迅递供应链管理公司 1832 万元，太仓图辉仓储管理有限公司 1106 万元。

（四）衍生服务业　进入"十四五"时期，港区注重延长现代航运服务产业链。创新业态，依托国际贸易中心孵化培育国际航运、国际投资、国际金融等产业。以太仓港和上海港战略合作为契机，积极对接上海国际航运中心航运金融、经纪、保险、仲裁、船舶交易等现代航运服务产业。依托太仓港临港投资开发有限公司等，提供包括船舶注册、船舶买卖、航运交易、海事诉讼与仲裁、航运人才培训等航运服务，发展船舶租赁、航运咨询、航运金融等现代航运服务产业，优化现代航运服务环境。构建船舶与岸基管理部门的信息交换平台，全天候提供全球航运交易、运价、船价、船队及港口等信息服务。拓展港口 LNG 燃料加注服务，把太仓港区打造成未来 LNG 动力船舶燃料加注服务中心。以太仓港综合保税区为载体，加快完善进出口大宗商品的集散交易、保税增值、金融保险、商品展示及会展、信息咨询等高端服务功能。

二、物流贸易

太仓港建港初期，港口产业主要以物流为主，进入"十二五"，开始拓展物流新业态，积极推进加工贸易向服务贸易升级，由运输通道向贸易集散升级，由区域物流向国家物流升级。2017 年以后，港区围绕实现"千亿物贸"的发展目标，依托港口核心竞争优势，积极鼓励物联网、云计算、大数据与现代物贸线上线下融合发展，重点打造港口航运物流运营中心、大宗商品现货交易中心、知名品牌物贸结算中心、楼宇经济创新创业中心，集传统经销、商品贸易、电子商务、供应链于一体，构建具有港口特色的现代服务业发展体系，实现从"物流港"向"物贸港"转型，将"港口流量"变为"经济增量"，提高港口对区域经济的贡献度。

（一）经销贸易

"十二五"期间，积极推进加工贸易、服务贸易产业发展，一方面推进专业市场建设，依托太仓保税物流中心、都得利钢市、华东国际塑化城、苏州国际钢铁服务中心、北上海机电五金城、铁山钢市，招引了 1000 多家经销商、贸易商，开展大宗商品贸易；另一方面先后引进了太仓新港物流管理中心有限公司、太仓华商冷藏物流有限公司为主的仓储贸易企业，这些企业形成了港口物贸业的产业链，支撑着服务业的快速发展。"十三五"期间，依托太仓港综保区和太仓港物流园，集聚了

1600多家物贸企业，从事仓储、采购、批发、零售等业务。其中包括太仓中瑞贸易有限公司、苏州国林华东商贸有限公司、太仓工投供应链有限公司、苏州共能能源有限公司、江苏宏川化工供应链有限公司、普曼普贸易（太仓）有限公司、苏州本钢实业有限公司、物产森华（苏州）贸易有限公司、苏州娄洋国际贸易有限公司、太仓海之源国际贸易有限公司、苏州船奇信息科技有限公司、苏州斯玛特国际贸易有限公司、太仓市君正贸易有限公司、苏州云帆贸易有限公司、苏州森洋国际贸易有限公司、苏州隆兴物流有限责任公司、太仓华太新型建材有限公司、太仓市甬太纺织原料有限公司、太仓市华威塑料助剂有限公司、苏州清秀鑫物资有限公司、太仓市腾吉物资有限公司、特潜兴国际贸易（太仓）有限公司、苏州集顺经贸有限公司、苏州树盟国际贸易有限公司、太仓远谊贸易有限公司、太仓源和物资有限公司、太仓盛发工贸有限公司、江苏威瑞斯国际贸易有限公司、太仓合江经贸有限公司等。同时，瞄准欧美企业、世界500强、跨国公司区域总部，引进似鸟商贸物流基地、斯凯奇中国物流销售中心、CJ荣庆中国总部、平伊大健康冷链综合产业园、太仓图辉物流园、永得旺仓储、东方嘉盛等重大服务业项目，其中许多项目为总部经济基地，为实现港口服务业高端化、基地化、集聚化奠定了厚实的基础。如美国斯凯奇中国物流销售中心项目建设世界领先的自动化立体仓库，太仓项目定位为斯凯奇官网电商总部、亚洲物流总仓、分销中心、研发中心、培训中心，并建设品牌特卖店。太仓似鸟商贸物流基地将建设大中华区采销研发中心、物流配送中心、展示和商贸中心及研发检测中心，有力地支撑了港区知名品牌物贸结算中心的发展。太仓市嘉泓永业供应链管理有限公司在太仓港综保区内设立保税仓库，运用东方嘉盛成熟的供应链管理体系，配合港区产业发展及转型升级要求，构建和优化供应链产业协同平台，实现一体化供应链采购分销服务，助力港区高质量建设临港现代物贸园。

（二）电商平台

随着港口物贸业日益繁荣和互联网的应用普及，电商平台型企业迅速崛起，港区先后集聚了大宝赢、西本新干线、"太境通"电商、铁山钢市、华东电子商务产业园、广保商品交易所、渤海商品交易所太仓交易中心、德木电商、太仓化工品交易中心、华棉所、江苏京迅递、苏宁环上海、苏宁易购、之宝（中国）户外产品网购等电商平台。

平台经济的发展经历了从探索创业阶段向健康发展阶段的转变过程，自"十二五"初期，发展平台经济开始形成热潮，但是，由于金融支持和监管缺失导致种种挫折，如铁山钢市、广保商品交易所、渤海商品交易所太仓交易中心、德木电商等被迫退市。2019年，国务院办公厅印发了《关于促进平台经济规范健康发展的指导意见》后，推动了平台经济规范化发展，企业规模和经营实绩比较显著的电商平台主要有以下几个：

西本新干线电子商务有限公司是港区乃至我市第一家电商企业，成立于2010年，注册资本6.66亿元，是中国大宗商品流通领域钢材行业内颇具影响力的电子交易平台服务商，在港区设立了区域总部，主要从事钢铁、矿石等大宗商品的贸易及电子交易服务。港区积极提供合约交易、供应链建设、软件主导型IT支持、金融创新、学术与文化交流等服务，利用一间标准办公室在3年内实现销售157亿元，缴纳税收1.1亿元。2015年和2016年被评为江苏省电子商务示范企业，成为我市第一家获此殊荣的电商企业。

华东电子商务产业园由太仓海格电子商务发展有限公司投资，总投资7亿元，成立于2013年，注册资本2.5亿元。公司搭建进出口商品展示交易平台，依托海格仓储、分拨、集货中心为国内外分销零售商、品牌商及制造商提供撮合服务。

江苏大宝赢电商发展有限公司，由太仓高新创业投资有限公司、太仓港经济技术开发区资产经营管理有限公司、广东宏川集团有限公司共同出资建立，成立于2015年5月，注册资本5000万元。通过互联网集交易、物流、金融、仓储于一体，实现新型融资、融货等配套服务，开创甲醇现货交易综合服务新模式。2016年5月20日对外试运行；2016年7月12日，举行上线发布仪式，成为国内首家甲醇现货交易综合服务平台。同时，借助于国内最大液体化工仓储基地和主要期货交割地的优势，成功打造了全国最大的甲醇现货交易平台，为推进互联网＋港口物流贸易做出示范。2018年已经开发的产业链客户达150多家，交易量达831.2万吨；交易总金额达277.2亿元，累计开票40亿元。

"太境通"电商起源于太仓港综保区所属的太仓港进口商品交易中心，该中心于2015年10月29日正式开业，直接引进日本、美国、中国台湾等国家和地区品牌商及进口商品国内一级代理商入驻。由于减少了中间代理环节，家居用品、红酒饮料、化妆品、纸尿裤、奶粉、饼干、糖果等商品价格比国内零售商便宜10%至30%，部分商品比电商推出的价格还有优势。直销中心既是丰富港城商业业态、集聚人气的商贸平台，也是拓展功能政策、发展物贸经济的功能平台。已有奥世迈、爱希特、莎娜等12家从事进出口贸易的企业入驻综保区进口商品交易平台。2018年1月18日，太仓港综保区在海关、国检、商务等相关部门的全力支持下，选择从跨境保税进口备货模式起步，建成 3000 平方米的跨境电商监管中心和公共服务平台，引进上海楚玥和综保区共同搭建"太境通"电商综合平台，主要为跨境电商企业提供代理商品进口、库内监管货物分拣包装、实现线上销售等服务，为入驻电商提供一站式的跨境贸易服务。电商企业还可将三单信息汇总后对接苏州市单一窗口后上传至总署统一版进行数据对碰，来满足海关的信息需求，实现 7×24 小时的快速通关。2018 年，跨境电商网购保税出区包裹 11.3 万单，占据了江苏省跨境电商网购保税进口业务的半壁江山，成为全省首批开展跨境电商 1210 网购保税进口业务的海关特殊监管区域。2020 年完成全省首单跨境水果进口业务，2021 年打通了 9710、9810 业务的业务通道，引入拓展加工制造、保税维修等新业态项目，全年进出口额完成 8 亿美元。2022 年，跨境电商产业园获评省级众创空间，成为江苏省内发展跨境电商网购保税进口业务的排头兵。

之宝（中国）户外产品有限公司成立于 2015 年 4 月 9 日，注册资本为 1288 万美元，主要从事网上销售户外用品、打火机及配件、服装服饰、日用品、打火机燃料、异丁烷、正丁烷、眼镜、电子产品、电子烟具、电子雾化器、电子烟液等业务，2022 年，实现营业收入 65716 万元，税收总额 4201 万元，成为港区电商行业产值大户、纳税大户。

苏宁环上海电商产业园，于 2020 年 9 月开工建设，2022 年 10 月竣工，总投资 7.5 亿。规划总用地面积约 10 万平方米，总建筑面积 16.4 万平方米。新建综合楼、电商运营中心、新零售运营管理中心等建筑，购置先进物流及信息设备，建成包括区域电商运营中心，集电子商务订单生产中心、结算中心、分拣中心、配送中心、供应链管理及开放平台等功能于一体的综合型园区。项目主体建筑有三层仓库 4 幢，配套建设综合楼、电商运营中心、新零售运营管理中心、装卸货平台等建筑，购置运输车辆、相关自动分拣设备、扫描设备、高位叉车及自动货架平台等设备满足项目的运营需求。

预期效益：首年线上线下销售额 150 亿元，属地注册、属地纳税 1.25 亿。5 年后将该项目打造成太仓区域、苏州地区乃至国内现代化电商运营中心的样板工程。

（三）供应链

供应链管理企业主要有江苏京迅递供应链管理有限公司、宝洁供应链创新中心、苏州塑盈供应链管理有限公司、苏州塑晟供应链管理有限公司、苏州隆兴供应链管理有限公司、斯凯奇中国物流中心、荣庆物流荣庆物流（太仓）有限公司中国总部等，这些企业主要把供应商、制造商、仓库、配送中心和渠道商等有效地组织在一起，进行产品制造、转运、分销及批发、销售。

江苏京迅递供应链管理有限公司（京东物流江苏运营中心）成立于2017年12月，注册资本1亿元，2018年9月1日正式营业，致力打造客户体验最优物流履约平台，提供仓配一体、快递、冷链、大件、物流云等多种服务，2022年实现营业收入860294万元，上交税收1832万元。

宝洁供应链创新中心，全面采用ASRS、AGV等现代物流新技术，充分发挥江苏宝洁集生产物流于一体的战略优势，自行开发适应电商发展新趋势的ERP系统，创新性建立工厂直供消费者的电商服务新模式，全面发挥与电商平台共建的仓中仓的潜力，实现线上线下业务良性互动、健康可持续发展。供应链创新中心总投资4亿美元，一期建筑面积约2万平方米。

苏州塑盈供应链管理有限公司是由上海化塑汇电子商务平台在港区设立的电商平台企业，公司致力于推动"互联网＋化塑"的基础设施建设，以长三角区域化塑企业和客户为主要服务对象，打通化塑全产业链的信息流、物流、资金流的交易闭环；以分布式共享平台的创新模式，构造化塑行业全产业链新生态系统。2018年下半年营运以来，化塑汇在太仓已经实现开票7.8亿元。

苏州隆兴供应链管理有限公司，为苏州顺联实业有限公司于2003年投资成立的民营企业，主营热轧卷、板、卷代板的加工配送服务，为客户降低成本，致力于成为"钢铁供应链整体解决方案提供者"。通过实施上云，帮助企业降低信息化建设和运维成本，基于数据可视化、设备可视化实现节能减排、经营管控能力增强、生产效率提升、业务模式优化。2021年，隆兴热轧加工配送量130万吨，实现销售收入58亿元，纳税3310万元，被评选为苏州市民营企业100强第54位，是华东单体最大的热卷加工配送中心。

斯凯奇中国物流中心，是美国斯凯奇在亚洲最大的物流中心。该中心一期项目于2020年正式投入运营，总投资13.5亿元，建筑面积约15.47万平方米，主要由三幢仓库、一幢分拣中心及一幢办公楼组成，可存储产品容量达1100万件，年发货量超过6000万件。2022年，正式启动二期项目，总投资额16.5亿元，建筑面积达26.4万平方米，由四栋四层楼的建筑组成，作为斯凯奇亚洲物流总仓、官网电商总部、分销中心、研发中心、培训中心，并建设奥特莱斯品牌特卖店。项目建成后将用于东南亚及中国的斯凯奇的储存仓库，运输分拨，进出口分拨，同时具有销售业务客服处理、培训管理、后勤运作、订单处理、成品加工、质量检验等综合功能。2022年实现营业收入233253万元，上交税收14976万元。

荣庆物流（太仓）有限公司中国总部，总投资10亿元，总建筑面积18.2万平方米，建设全自动化综合智能仓库、双层冷库和一栋15层2.45万平方米的总部大楼，将建成集人工智能、大数据、物联网为一体的典范型智能综合物流园区，建成后年营业收入达3亿元。

三、商务服务

（一）生产性服务

"十二五"期间，港区着力建设一批研发中心，培育一批专利大户，梳理一批攻关项目，形成一批高新技术产品，申报一批高新技术企业，增强企业创新能力，鼓励企业加速拓展服务外包市场，先后集聚了和夏化学、雅本化学、五洲在线、西本新干线、奥特斯维研发中心等20多家服务外包企业，业务涵盖医药中间体、电子商务、大宗商品交易、新材料等类别。这些服务外包企业不断加强国际市场的对接与合作，一批新产品及时占领市场。"十三五"期间，港区的生产性服务业取得了长足的进步，科技服务、检测服务、人力资源、会计代理、服务外包、汽车修理等服务贯穿于生产上下游各个环节之中。

1. 科学技术服务业。推进信息化与工业化深度融合，加快发展智能化服务，提高制造智能化水平。以亿达创智中心等科创楼宇载体建设为契机，发展物联网、大数据、服务型智能制造、生产制造系统等信息服务业，发挥东软等龙头项目的示范带动作用，发展信息服务业。依托产学研基地和企业技术中心，发展科学研究、技术服务业。"十三五"期末，港区列统科学研究和技术服务业实现营业收入2273万元，完成利税总额569万元。

2. 检验检测服务。围绕港区产业发展需要，加快主导产业检验检测认证公共服务平台建设，2016年12月20日成立太仓检验认证有限公司，开展委托进出口商品检验、进出口鉴定、代理报检等业务，从而提升高端装备、新材料、生物医药、食品及日化用品等重点领域第三方检验检测认证服务能力，积极发展在线检测。2020年该公司实现营业收入2273万元，完成利税总额569万元。同时整合产学研基地和企业技术中心以及检测机构科研设施、检验检测仪器设备等资源，引导检验检测产业集聚发展。2015年7月28日，奥特斯维能源（太仓）有限公司光伏检测中心收到中国合格评定国家认可委员会发来的实验室认可证书。这标志着该中心具备了按相应认可准则开展检测和校准服务的技术能力，可在认可的范围内使用 CNAS 国家实验室认可标志和 ILAC 国际互认联合标志，从而为港区的光伏企业的组件产品和辅助材料性能及可靠性检测提供了方便。

3. 人力资源服务。港区人力资源市场以服务港区经济发展、服务企业用工为宗旨，每年春秋两季举办大型招聘会，平时每周举行四场招聘会，以此满足企业的用工需求，如果企业用工较急，他们会根据情况增加专场招聘会。对于企业缺口员工，港区人力资源市场将组织企业到高校招聘专业人才，引导求职人员结合实际确立标准，提前做好功课，主动参加培训，平时注重浏览人才网，进一步提高求职成功率。港区还有太仓启航人力资源有限公司，通过举办招聘会以及网上招聘等途径，全力为港区企业提供人力资源服务，兼事职业中介服务、人才中介服务、劳务派遣服务、代理外商投资企业劳动人事等业务。

4. 中介代理服务。在港区已形成从事可行性研究、产品概念设计、市场研究、质量控制、会计代理、税务代理、法律咨询、人员培训等一条龙服务企业集群。

5. 租赁和商务服务。太仓港成为太仓最大运输市场之后，一批迎合物流服务产业风生水起，至 2022 年，港区集聚了许多汽车修理、装卸、汽吊、卡车租赁、转让等业务的企业和个体户，这些企业不仅维持了港口生产的正常运营，而且给自身带来丰厚的收益。2022 年，港区租赁和商务服务业实现营业收入 17421 万元，税收总额 851 万元。其中太仓市港区汽车修理有限公司经营汽车修理、装卸、汽吊等业务，2022 年实现营业收入 681 万元。太仓华金港口服务有限公司在港区内提供货物装卸、物流服务、电力设备维修、检修等业务，2022 年实现营业收入 2939 万元，税收总额 211 万元。

（二）生活性服务

1. 商贸服务业。通过推进新港城建设和浮桥镇区完善，促进住宿餐饮、站点商业、购物中心、金融服务、农贸市场、休闲娱乐的快速发展。新港城综合服务区集聚了邻里中心，站点商务、中行农行、快捷酒店、购物中心、人力资源、贸易公司、电子商务等。其中，五洋滨江广场是港区最大、业态最全的一站式生活购物中心，引进了大型主力店雨润发超市、中影国际影城、进口商品展示交易中心、商务酒店、特色餐饮等项目，成为集商业、餐饮、会议、文娱等多功能一体化的商业综合体。同时，有序发展社区商业。美乐、滨江名都、上上海花城、公园郡以及新港花园、新城花苑等一批公寓房小区配套邻里中心、站点商业、快捷酒店、农贸市场、KTV 歌厅、超市、儿童培训教育中心等商业网点。积极支持优质品牌连锁企业进社区，发展家政服务、家庭护理、家庭用品配送等家庭服务业。至 2022 年，港区拥有以郑和国际酒店、香江假日酒店玫瑰庄园酒店为龙头的大小旅馆、酒店家，有雨润发超市、美宜佳超市、欧德福、好又多、仓建、永利等超市和农贸市场、零售小店、影院歌厅等，基本形成了吃在新城、购在新城、乐在新城的商业氛围。

2. 临港旅游业。凭借太仓港良好的港口优势，开通太仓港至日本国际旅游客滚装轮渡航线，2007 年 8 月 29 日首航至 2013 年停航，开展旅游 6 年。乘坐的"理想之国二号"为滚装客货船，航海速度达每小时 22.6 海里，核定载客定员为 475 人。船舱分为豪华舱、特等舱、一等舱、二等舱等不同的等级，可满足不同消费群体的需求。这条国际旅游客运航线每周一班，两地之间单程行驶时间约 29 小时，一次旅行往返 8 日，将领略日本的风土人情和饮食文化，享受日本温泉的乐趣，游览 17 世纪荷兰风情公园豪斯登堡、熊本县以及阿苏活火山等景点，到天神购物区尽情享受购物的快乐。依托郑和公园、同觉寺公园、七浦塘生态公园、港口作业区、七浦塘、长江口资源，打造兼具航海元素、港城特色、宗教文化的旅游基地，同时，积极修复开发三家市古村落、浮桥古镇区老民居、时思新四军指挥部、江堤碉堡群等遗存，并以现代农业园、农业示范区、特色农庄、特色村落、家庭农场、现代果园以及农业综合体，推出农业科普教育、农业休闲度假等多元旅游体验，将传统文化和红色文化以及乡村文化融合起来，打造乡村休闲旅游带。

3. 房地产业。2013 年，新港城共有明达、美乐、康来特等商业房产项目 6 个，总建筑面积约 712836 平方米，总投资 29.4 亿元。2014 年，港城共有房地产项目 14 个，建筑面积共约 150 万平方米，总投资约 55 亿元，其中康来特大厦、上上海花城一期、美乐公园郡一期、滨江名都一期 4 个项目已建成交房，总建筑面积约 38.9 万平方米。在建项目 6 个，主要有上上海花城二、三期，康来特花苑一、二期及滨江名都二期、三期项目，总建筑面积 80 万平方米，总投资 28.9 亿元。2015 年开始，港区把房地产开发作为撬动港城崛起、带动功能完善、集聚城市人气、平衡开发资金的重要杠杆。推进房产开发向龙江路西侧布局，着力引进品牌房企，开发品位港城，打造品质生活，在核心位置形成集聚效应。规划在 3 至 5 年时间里，累计推出 1500 亩商住用地，开发 20000 套 200 万平方米商品房，形成 100 亿元房产规模。此后滨江名都、上上海花城、公园郡、碧桂园柏悦湾、滨江华庭等一批房产项目不断加快建设步伐，至 2022 年，苏州瑞银、中南雅苑、鑫珩、远汇、康来特、明达、美乐、松茂、辉盛、弘韬、合生、新华联、碧桂园等房地产公司共计实现营业收入 174178 万元，上交税收 6821 万元。同时，新港城建成了和平花园、新港花园、新城花苑、康居花园、荷池花园、海韵花园等一批公寓房小区。

　　随着商品房、安置房和工业园区的开发建设，江苏新鑫物业管理、太仓临港物业管理、沿江物业管理、富桥实业有限公司、佰福物业管理有限公司等一批物业管理公司应运而生，不仅为创建文明小区提供了重要保障，而且成为现代服务业的主要内容，2022 年，物业管理实现营业收入 30460 万元，完成税收 977 万元。

第三章　港城崛起

第一节　奋斗目标

一、制定计划

（一）"三年跨越"计划　2013年3月14日，市委领导赴港区专题调研时，吹响了加快港城开发建设的冲锋号，明确指出港城兴起的速度决定着港口经济发展的质量。现在港城规划设计日趋完善，拆迁安置有序推进，基础设施建设全面展开。"今后三年是港城开发建设的关键阶段，也是港城从'成城'到'成市'的快速机遇期；要坚持'一市双城'的规划布局、支撑港口和产业发展的功能定位、产城相融的发展理念，以更大的投入提升港城价值，以更大的魄力建设现代港城"。此后，港区及时策应，做出了港城建设加快实施"三年跨越"计划的决定。即一年成形：到2013年底，核心区路网框架全部拉开，实现"七通一平"，绿化全部到位；港城二小投入使用，中兴商业街基本建成，综治楼主体工程竣工；七浦塘生态公园、五洋港城商业综合休开工，港城医院、中央公园、体育公园等工程启动建设。两年成城：到2014年底，核心区基础设施全部到位，功能性项目基本建成，总建筑面积15万平方米的3个商业综合体建成投运，1万套商品房建成销售，3万套公寓房移交分配，核心区具备10万人口承载能力。三年成市：到2015年底，核心区集聚8万人左右居住、学习和工作，各类城市业态完善并日趋繁荣，4000亩的"港城绿肺"和沿大交通的"绿色屏障"成林，核心区绿化保有量超过1000万平方米，成为国家级生态工业园区，港城生活品质显著提升。从此拉开了新港城大建设的序幕，商业配套、集中居住、市政道路、公共设施等"四大工程"建设全面推进，初步形成了"一区两园三廊八横四纵"的格局。"一区"即港城中部综合配套区，"两园"即北部先进制造业园区和南部新材料园区，"三廊"即杨林塘、七浦塘、浪塘三条河流形成的城市天然生态廊道，"八横"即金港路、通港公路、北环路、南环路、仪桥路、华苏路、新港公路、S339，"四纵"即滨江大道、龙江路、长江大道、平江路等主干道网络。

至"十二五"期末，港区的S80建成投入使用，建成了和平路、长江大道等41.5公里市政道路，累计通车里程达到161.5公里，港城核心区路网基本形成。新城花园幼儿园、港城小学、浏家港中学教学楼、综治大楼、七浦塘生态公园等公建配套工程建成投入使用；邻里中心、港城中兴商业街建成投运，五洋滨江商业广场完成主体工程。港城已经拉开框架，基本成形。

（二）"五年腾飞"计划 2016年，为进一步推进"成城""成市"，港区做出了"五年腾飞"计划，即一年造景。对邻近港城核心区的征而未用土地进行平整，种植草皮、苗圃，彰显城在田中；在各制造业板块之间建设高标准农田，以大地自然景观为阻隔，构建港城"绿肺"；在杨林塘、疏港高速两侧布局绿化，构建生态屏障；在核心区，建成港城绿地公园、七浦塘生态景观工程，彰显园在城中。三年造楼。推进房产开发向龙江路西侧布局，着力引进品牌房企，开发品位港城，打造品质生活，在核心位置形成集聚效应。今后3至5年，累计推出1500亩商住用地，开发20000套200万平方米商品房，形成100亿元房产规模。五年造市。围绕集聚人气，畅通老镇区与新城区通道，引导老镇区人流向新城区集中，结合国家户籍制度改革，引导素质较高人员在港城安家落户。创新市场化运作方式，探索楼宇经济发展路径，丰富城市经济业态。

至"十三五"期末，港城商住房开发累计265.82万平方米、18652套；安置式农民公寓房建设198.95万平方米，13870套；幼儿园、红白事会所、中小学校和社区（村）用房等公共服务建筑41.8万平方米；市政道路159.1公里；污水管道建设88.42公里；新建河道42.5公里；绿化面积约650万平方。从起初的"七通一平"到十年的产城融合，标志着一座生态、宜居、美丽的新港城基本建成。

二、编制规划

为了顺利实施港城开发"三年跨越"计划和"五年腾飞"计划，全面启动太仓港开发建设、港区开发建设、港城开发建设的总体规划以及各类控制性详细规划、专业规划编制工作。

（一）总体规划　2013年10月22日，交通运输部、江苏省人民政府在《关于苏州港总体规划（2013—2030年）的批复》（交规划发〔2013〕628号）中，批复太仓港总体规划。经过多年的争取和各方的努力，该规划考虑了港区部分诉求，兼顾了装备制造等临江产业发展需求，较好解决了远景规划与近期规划的矛盾，协调了全省发展战略与太仓发展需要的关系，为进一步加快临江产业发展、壮大重大装备产业提供了规划依据。2017年，启动《太仓市浮桥镇总体规划（2017—2030）》编制，基本完成"三优三保"（以优化建设用地空间布局保障发展，以优化农业用地结构布局保护耕地，以优化镇村居住用地布局保护权益）规划编制工作。

（二）专业规划　2013年完成了《太仓港经济技术开发区（暨浮桥镇）城乡统筹规划》《太仓港城中心区西区概念规划》及《配电系统规划》，提出了岸线利用规划调整意见，推进了港城核心区、产业园区道路等市政设计，完成了中兴商业街、港城二小等公共配套设计、新港城西侧地块港城中学及周边居住小区修建性规划、港城中心区C-6地块（体育休闲公园）修建性规划设计、滨江南路（含新塘河桥修改）、牌楼路延伸设计以及浏家港七期围滩后方陆域范围约7平方公里的控制规划等专业规划，为城乡建设、产业发展、港城开发提供了重要前提和依据。2014年，做好了《苏州港太仓港区控制性详细规划》的修编工作，修改完善了浮桥镇（港区）的镇村布局规划，完成了九曲红星社区西扩、牌楼社区东扩等方案设计工作和市政配套方案设计工作。协助太仓港口管委会做好《太仓港区控制性详细规划》的编制工作。同时，完成了《太仓港茜泾作业区南部区域控制规划》和《港城中兴商业街二期修建性规划》编制工作以及牌楼社区东扩一期工程规划报批和市政施工图设计。2015年，做好《苏州港太仓港区控制性详细规划》的修编、《太仓市城市总体规划》的实施评估、《港城概念性规划和中心区控制性详细规划》的编制和浮桥镇的镇（区）布局优化等工作。同时，开展港城地下管线普查前期准备工作以及港区城市规划、土地利用规划"两规融合"的各项工作。完成了港城绿地、浏家港幼儿园迁建、石化区便民商业用房等工程的规划设计工作。开展《太仓港区控制性详细规划》《太仓港区先进制造业区控制性详细规划》《太仓港区物流园区控制性详细规划》《新港城中心区控制性详细规划》以及完成《水美乡镇（浮桥镇）河网水系规划》编制工作，优化《太仓市村镇布局规划》，做好下一轮浮桥镇集中居住点规划。2016年，按照太仓"一市双城"定位，注重产业功能与城市规划协调融合。进一步完善"十三五"港城重点建设工程设计方案，完成了《太仓市经济技术开发区（工业区）控制性详细规划》《太仓港综合保税区控制性详细规划》《新材料科技产业园总体规划》编制工作，组织开展《港城概念性规划与中心区控制性规划及城市设计》《市政道路系统专项规划》《港城绿地系统规划》编制工作。2017 年完成了《港城概念性规划和中心区控制性规划》。2018 年，坚持"港、产、城"融合发展，以城市总体规划和土地利用总体规划为主体，整合各类专项规划，实现"两规融合、多规合一"。完成了《太仓市浮桥镇总体规划（2017—2030）》编制，启动编制浮桥老镇区更新规划、港城南部概念性规划，规划展示馆建成投用，《太仓物流园区发展规划》通过评审。同时，按照"北拓、中提、南延"的发展思路，完成港城控规全覆盖工作。进一步细化明确港区产业和城市发展空间格局，中部港城中心区重点完善创新创业的综合配套功能，协同主城发展；北部产业集聚区重点打造智能制造、绿色能源、健康诊疗三大产业园；东部产业集聚区重点建设综合保税区，打造重大装备产业园和现代物贸产业园；南部产业集聚区重点提档升级化工园区，打造功能材料产业园。深入研究港城与主城、浏河等区域协同发展关系，完成港城南部区域概念性规划和区域性快速通道规划方案；深入研究港城与港口联动发展关系，进一步完善集疏运交通体系。2019 年，《港城概念性规划和中心区控制性规划》《太仓市浮桥镇总体规划》获批，完成浮桥老镇区更新规划。2020 年，按照南提组团、中聚成核、北延连片的思路，高标准编制国土空间规划、镇村布局规划和"多规合一"实用性村庄规划，启动浮宅路、中兴街、安江路、长江大道"两横两纵"城市主干道路贯通规划。2021 年，为进一步集约化统筹港城各类市政设施布局，优化地下配套设施体系规划，提高城市地下管线信息系统管理水平，港区编制了《太仓港城地下管线综合规划》，明确了港城范围内地下管线的总体布局、敷设方式、管线场站设施等内容。2022 年，推动区（镇）港规划、产业规划、城市规划相互衔接，形成引领港产城一体发展的规划蓝图。完成编制《太仓港经济技术开发区产业发展规划》《太仓港区（浮桥镇）国土空间总体规划》《浮桥镇部分村庄规划》，推进土地成片开发方案编制，持续完善港城空间形态，为港口和产业发展提供完备的服务体系。同时系统谋划综保区发展，编制完成《太仓港综合保税区发展规划》，更好促进综保区高水平开放高质量发展。《太仓港区控制性详细规划》动态更新有序推进，港城中心区城市设计不断深化。

第二节　基础设施建设

一、市政道路建设

2012 年之前，港区已经建成了平江路、申江路、长江路、银港路、通港路、龙江路、金港路、北环路、南环路、滨江大道等主干道网络，2013 年至 2022 年期间，先后拓展区间道路的新建、改建、扩建，形成"四纵三横"道路网络。

2013 年，开始以核心区路网、水系和配套设施为重点，快速拉开港城开发建设框架，全面对接全市大交通格局。港区投资 5 亿元，新建 20.8 公里市政道路，修建河道 8 公里。核心区路网建设全面铺开，实施长江大道、平江路等港城西拓框架道路 6.8 公里，完成了润邦路、浮宅路、中兴街等项目配套道路 5 公里。实施滨江大道高速公路出口段、石化区滨江路等道路提档改造工程 2.5 公里。港城西部道路框架全线贯通，完成平江路（南环路—北环路）、滨江南路提档改造等市政道路 7.5 公里，和平路七浦塘大桥及碧云路工程开工，基本打通了核心区与老镇区的通道。至 2013 年末，新港城形成"四纵三横"路网总长约 6.8 公里。平江路全长约 2.13 公里，北起北环路，南至南环路；安江北路全长约 0.63 公里，北起北环路，南至碧云路；长江大道全长约 0.7 公里，北起北环路，南至映雪路；和平路全长约 0.46 公里，北起光华路，南至映雪路；光华路全长约 1.04 公里，西起安江北路，东至龙江路；映雪路全长约 1.18 公里，西起安江北路，东至龙江路；碧云路全长约 0.49 公里，西起平江路，东至安江北路。全年新竣工道路里程达 15 公里，港城中心区加快向西南扩张。2014 年，实施秋水街、和平路南延、北环路改造等港城中心区道路二期工程 5 公里，完成牌楼路、金埝路、先锋路等集中居住区配套道路 2.3 公里，完成平江路、金港路、扬子江路等结转道路工程 5.7 公里。同时完成了润邦路、浮宅路、中兴街等项目配套道路 5 公里，实施滨江大道高速公路出口段、石化区滨江路等道路提档改造工程 2.5 公里，龙江路西侧港城道路框架延伸主体工程竣工。2015 年，完成了和平路（映雪路—七浦塘南）、碧云路（龙江路—和平路）、平江路浪港桥等道路桥梁工程 2 公里，实施秋水街（龙江路—长江大道）、长江大道（映雪路—秋水街）等港城中心区道路工程 1 公里。平江路浪港桥、和平路七浦塘桥、海港路等建成通车，七丫路、和平路贯通工程加快建设。

"十二五"期间，共计建成 41.5 公里市政道路，累计通车里程达到 161.5 公里，2016 年，完成碧云路西延、和平路七浦塘大桥、七丫路等市政项目建设，实现了港区核心区与浮桥、时思新老镇区的进一步贯通。2017年，推进秋水街、新九路等项目建设，加密核心区与老镇区联通的路网，启动浮宅路西延、东方路改造等工程项目。2018年，启动滨江南路延伸段建设，加快浮宅路西延、朝阳大道改造、富民路提档等工程进度，加密公交班线，完善区域公交，优化交通出行。北环路（西段）、浮宅路、朝阳大道等道路工程加快建设。2021年以后，大力实施城市全面更新计划，推进新城老镇协同发展、产业城市融合发展。核心区突出完善功能、共建共享，加快海港路、光华路、协鑫路、长江大道以及龙江路快速化等工程竣工，完善城市基础设施，增强城市综合承载力。老镇区突出更新改造、联动港城，加快实施中兴街西延、镇中路东延，推进区镇路网融通，加快实施建红新村综合提升工程，规划建设月亮湾特色街区，有序推动片区开发，稳步推进七丫、浮南等片区改造。港城南部区域突出对接主城、融入上海，依托龙江路快速化工程进行先期开发。

二、生态绿化建设

港区坚持把生态优先、绿色转型贯穿于决策、管理和执行各环节，全面引导和推动绿色发展、循环发展、低碳发展，2013年至2022年间，八大生态工程建设全面推进。

（一）"绿肺绿屏"工程　港区在化工区与核心区间规划建设4000亩的"港城绿肺"、沿交通大动脉构建"绿色屏障"，自2013年开始，对邻近港城核心区的征而未用土地进行平整，种植草皮、苗圃，彰显城在田中；在各制造业板块之间建设高标准农田，以大地自然景观为阻隔，构建港城"绿肺"；在杨林塘、疏港高速两侧布局绿化，构建生态屏障；在核心区，建成港城绿地公园、七浦塘生态景观工程，彰显园在城中；在建成的交通干线、住宅小区、产业园区、邻里公园、学校医院全面推进草坪绿化工程。同时以创建国家生态工业园区为统领，把环境整治与生态修复结合起来，加快"三废"治理，扩建化工区污水处理厂，实施华能电厂除尘改造，保持"三打一管"力度，从而构建"绿色屏障"。

（二）生态公园建设　七浦塘生态公园是太仓市2013年生态文明建设"十大工程"之一，位于港区七浦塘滨水景观带龙江路至滨江大道段，全长700多米，总面积32.76万平方米，其中绿化种植面积26万平方米，人工开挖水体面积11万平方米，开挖土方18.3万立方米，各类场地面积2.86万平方米，园内道路面积20475平方米，停车场5000平方米。建筑物包括厕所、服务用房、亭廊、栈道平台等。功能上分为康体活动区、人文感知区、滨水休闲区、自然体验区，建有生态挡墙、木栈道、藤廊、观鸟亭等景观，成为集游憩、交往、娱乐、旅游、运动于一体的富有港城特色及生命力的亲水休闲区。工程总投资 5400 万元，于 2013 年 9 月 15 日开始施工，2014 年 9 月竣工，国庆节对外开放。由于七浦塘生态公园串联商业、商务综合区与两侧的居住区，实施绿化种植、景观水体、配套铺装场地及建筑设施，因此将成为港城重要的景观通廊，为周边居民及商务人士提供重要的活动空间。同时，2015 年建成的港城体育休闲公园，是集体育竞技、全民健身、休闲于一体的生态型公园，绿化面积达平方米。2019 年投资 4 亿元建设沿江绿廊和生态岸线，七丫口郊野湿地工程、水源地生态湿地工程初具形态。

（三）港城体育休闲公园　该公园位于新港城核心区内，规划面积 47.55 亩，是集体育竞技、全民健身、休闲于一体的现代化、生态型、开放式综合公园。公园根据功能需求划分为场馆区、户外运动区和生态绿地区三个区域。将绿地和运动场所有机地融为一体，在创造景观的同时也建成了体育休闲场所，使人们在优雅的环境中进行体育运动。一期工程将建设户外运动区和生态绿地区，绿化面积达到 2 万平方米。

（四）沈家浜邻里公园　该公园位于港城西南安置片区的中心，周边现有康居花园、荷池花园和明珠花园（东、西区）等集中安置小区。项目包括老沈家浜路改造及社区市政配套、河道护岸工程、景观绿化工程、桥梁工程。沈家浜河两侧景观绿化带全长约 438 米，是以沈家浜河道为景观主轴线，以服务周边居民为主导功能的滨河风光带。总设计面积为 18695 平方米，其中，西岸景观设计面积为 11050 平方米，东岸景观设计面积为 7645 平方米。在景观布置上除了注重水岸风景之外，还更多的考虑了林间休闲步道与市民活动场以提高周边居民的生活品质。

（五）绿地景观工程　港城绿地景观工程西至支二路、和平路，东至映雪路、龙江路，工程总面积 38877 平方米，主要实施绿化种植、景观铺装、生态驳岸及慢行系统工程。该工程总投资 700 多万元，2016 年 3 月开工建设，2017 年 7 月竣工，工程建成后，港城中心区投资环境将得到进一步优化，以密集水网、田园民居为依托的生态特色将得到进一步彰显。

（六）生态修复工程　2016 年开始，港区实施七浦塘生态修复工程，加快生态修复和绿色屏障构筑，在港城核心区、七浦塘和主干道两侧将新增绿化面积 60 万平方米。七浦塘生态修复二期成功入选省海绵城市建设示范项目，并获第四批省级城镇基础设施建设引导资金 500 万元。该项目的建设内容和实施成效都要充分体现海绵城市建设理念，包括减少硬质铺装，步行系统、停车场等采用透水铺装，并结合公园布局和生态景观要素，因地制宜建设人工湿地、雨水花园、下凹式绿地、植草沟等，从而提升绿地滞蓄和净化雨水的能力，在消纳自身雨水的同时，为滞蓄周边区域的雨水提供空间。2019 年，进一步加大生态修复力度。组织实施沿长江生态提升工程，投资 4 亿元建设沿江绿廊和生态岸线，涉及岸线 15.4 公里，造林面积 1751 亩，全面构建起沿江绿色生态防护空间。建成的七丫口郊野湿地，占地面积 1500 亩，分"水上森林""生态廊道""湿生花海""湖光春色""金色田园"五个组团，形成湿地景观。水源地生态湿地占地 825 亩，沿主江堤和外江堤厚植林带，内部依自然地形打造涵养湿地，实现林、草、水相结合的生态形态。2020 年，建成七浦塘三期、七丫口郊野湿地工程，新增绿化面积 2300 亩，"一核一廊二园三横三纵"生态系统不断完善。

（七）郑和公园提档　2019 年，实施公园西侧梅园、东侧林带的扩建提档工程，并对郑和纪念馆更新和宝船修缮，实现了生态修复和美化景观的有机结合，进一步挖掘用好郑和下西洋起锚地最大"IP"优势。

（八）生态亮化工程　随着一批批公寓房和一条条道路即将建成，2013 年开始，港区推广使用 LED 灯，选择采用美国发光芯片的企业进行合作，先后在和平小区、康居花园、明珠花园、荷池花园、九曲先锋等小区和协鑫路、华苏路、七丫路等道路安装 LED 灯，既可以有效节约能源，又节省用电经费。

至 2022 年，港区建成郑和公园、同觉寺公园、七浦塘生态公园、港城绿地公园、体育休闲公园等景观公园，绿化保有面积超过 1000 万平方米，美丽港城让群众从"水韵绿色"生态红利中得到永续实惠。

第三节　城市功能建设

随着新港城建设的快速推进，港城功能不断完善，行政商务、生活居住、商业休闲、文教卫生、公共服务"五大功能"形态基本形成，为服务太仓港繁荣和临江产业发展提供了良好的工作条件和生活环境。

一、行政商务

2013年前建成的10幢大楼加快投入使用，其中2栋行政大楼为港区、港口两个管委会办公场所，行政服务中心为工商、财政、税务等部门提供办公服务，联检大楼为海关、检验检疫等口岸监管部门的服务平台，郑和酒店既为中外宾客提供餐饮、住宿、会务、康乐的场所，又作为国际海员俱乐部"海员之家"，内部专门设有酒吧、台球室、阅览室等，在这里可以让海员们享受到工作之余的放松，感受到太仓港城的独特魅力。港城广场主要发展特色楼宇经济，集聚了一批贸易平台、服务外包、科技创业、众创空间、虚拟注册、电子商务等项目。2014年建成的综治大楼，总投资约1亿元，总建筑面积2.2万平方米，将公安、交警、法庭、城管以及浮桥镇政府集于一体，大大提高日常管理与服务的效率和质量。

二、生活居住

港区先后招引明达、瑞银、鑫珩、碧桂园、远汇、美乐、中南、合生等13个著名房地产公司入区开发建设，先后建成了上上海花园、康来特花漫九里、菁英公寓、滨江名都、碧桂园柏悦湾、滨江华庭等住宅小区，累计18652套，建筑面积超过270万平方米。同时，新港城建成了和平花园、新城花苑、康居花园、荷池花园、望江花园、海韵花园、明珠花园、建红新村、鹿新花园等一批安置式公寓房小区，累计达到14万套，总建筑面积超过200万平方米。还有卫星小区、牌楼小区、六尺小区、新仓小区、建红小区、新港花苑、九曲小区7个自拆自建住宅小区。小区内道路、河道、路灯、绿化、小公园、道路标志、物业用房等配套齐全。每个住宅小区都有物业管理公司，配备垃圾分类设施，入住居民普遍感到美满幸福。

三、商业休闲

港城邻里中心，站点商务、港城广场、中兴商业街在2013年后逐步形成业态，经过10年的市场经济洗礼，如今学校、医院、宾馆、会所、酒店、超市、银行、信贷、邮政电信、药店诊所、美发美容、服装百货、农贸菜场、歌厅网吧、浴室健身等服务设施一应俱全，成为新港城业态繁荣、人气旺盛的商业地段。同时成功打造了三大商业品牌，大大提升港城品位。一是五洋滨江广场。这是港区规模最大、业态最全的一站式生活购物中心，由江苏五洋集团有限公司投资建设，总投资约3.2亿元，占地面积近3万平方米，总建筑面积达6万余平方米，由7座单体楼组成，2014 年开工建设，2015 年 2 月建成开盘。该项目集商业广场先进设计理念，集中影国际影城、雨润发超市、特色酒吧风情街、进口商品展示交易中心、特色餐饮、商务酒店、星级 SPA 会所、KTV、儿童乐园等业态于一体，为新港城增添新的活力和魅力。二是汇邻生活广场。这是新港城新增的一家商业综合体，位于新城花园东侧，占地 11462.13 平方米，建筑面积 7216.42 平方米，机动车停车数量为 80 辆。2019 年竣工投用，二层建筑，底层为菜市场、小吃店、杂货店，二层为超市、会所等，内外装饰一流，尽显现代时尚气派。三是皇冠假日酒店。该酒店位于港区北环路南、光华路北，占地面积 85305.4 平方米，由金辉集团和洲际集团共同投资建设，总投资 8500 万美元，注册资本 7000 万美元，2020 年 10 月 26 日正式开工，2022 年月投入运营。酒店主体 20 层，建筑高度 90 米，共计 260 个客房，规格为五星级酒店，成为港区地标性高端酒店商业综合体，对提升港区商业业态、提高配套能力、打造优质生活圈具有重大推动作用。

四、文教卫生

2013 年开始，港区先后新建、扩建"七校一院"，即新城幼儿园、港城小学、港区二小、港区中学、港城中专、浏家港中学、浏家港幼儿园和港城医院，使港城的文教卫生设施更加完善。其中新城幼儿园为 6 轨 18 班，总投资 3000 万元，2013 年建成投用。港城小学是一所高起点、高标准的 8 轨制学校，可以容纳 2400 多名学生。学校总投资 1.5 亿元，占地面积 83 亩，总建筑面积 2.97 万平方米。学校各项设施完备，配备了音乐室、美术室、室内体育馆、健身馆、科学室、篮球馆和能容纳 400 人的大礼堂，铺设了 400 米塑胶跑道，还在每个教室安装了短焦投影仪、电子白板等现代化教学设施。港区二小总投资 1.2 亿元，总建筑面积达 29709 平方米，由教学楼、实验楼、综合楼、行政楼、食堂、风雨操场、报告厅等组成，规模为 8 轨 48 班，学生人数约 2160 人。港城中学，总投资约 8200 万元，总建筑面积约 3.2 万平方米，包括励学行政楼，三栋教学楼（励学楼、卓立楼、敦品楼）及实验楼等设施，开设 12 轨 36 班，进一步优化港城学生就学环境。港城中专为太仓中等专业学校港城校区，规划用地 103.8 亩，总建筑面积 44766 平方米。办学规模为学生 180 人，教职工 156 人，每个年级 15 个班级，每班 40 名学生。校区包括行政中心区、教学实训区、生活服务区、室外运动区等。该校总投资 3 亿元，2018 年 3 月 10 日正式动工，2020 年 9 月竣工使用。学校以服务太仓港职前、职后培训和在校生学历教育，建设成为港城相关专业学生学习平台、高等院校学生港口相关专业的拓展平台，开设对接港区产业发展相适应的新专业，输送契合港口发展的高素质应用型毕业生，助推港口经济发展。浏家港中学是一所老学校，2014年扩建0.5万平方米，现有初中18个教学班，740多名学生，学校教育教学设施先进，生活配套设施条件优越。浏家港幼儿园建筑以三层为主，局部两层，规模为6轨18班。港区医院是一所集医疗、科研、预防、保健、康复为一体的大型现代化二级甲等综合性医院，占地面积约60亩，总建筑面积约5.5万平方米，其中医院大楼11层约4万平方米、发热门诊及配套用房约0.1万平方米、地下室约1.3万平方米，计划总投资4.9亿元。医院采取与太仓市第一人民医院结为紧密型医联体的模式，开放床位350张，开设内科、外科、妇科、产科、儿科等18个临床科室；影像中心、检验中心、超声科等12个医技科室，为居民提供功能齐全，技术先进，设施完善的医疗空间。2021年推进金浪卫生院改造建设。

五、公共服务

港城各社区均有一站式服务大厅，为小区居民提供文化生活、社区教育、治安防范、社会保障等服务工作，还有会议室、阅览室、医务室、警务室、综合办公室、老年活动室、日间照料中心、文体活动室、物业用房和社区工作站等功能用房，为居民办事、看病、养老、学习、休闲提供了足不出户的暖心服务。在公共场所规划建设公交候车亭、停车场、加油站、充电桩以及公共自行车和公共电动汽车站点、小游园、广场、凉亭以及配置健身器材，为社区居民提供了便利舒适、丰富多彩的生活条件。同时，港区还专门建设了孝恩堂、福临门吉庆会所、水波汇酒店、和平社区会所等公共服务设施，望江小区、明珠小区、康居花园、鹿新小区、九曲小区等住宅小区都有会所，为居民举办红白喜事提供了方便。

第四章 保障有力

第一节 载体建设

一、集疏运体系建设

2012年至2022年，先后完成了《太仓港集疏运体系规划》和《太仓港支持保障系统规划》编制工作，明确了太仓港集疏运体系近远期建设目标。实现了疏港高速公路和沪通铁路以及疏港铁路全面建成通车，完成了杨林塘整治工程，公铁水立体集疏运框架基本形成，疏港公路网络健全、等级合理，实现了与上海、苏南、苏中及苏北地区的快速连通。

（一）道路

1. 疏港高速。2013年10月8日，太仓港疏港高速公路正式建成通车。此高速公路起自沿江高速公路沙溪服务区与沙溪互通之间，设置沙溪枢纽，向东北方向延伸，经归庄南、金浪北，在338省道交叉处设置互通，路线继续向东，经港区后止于港外大道相交处，路线全长15.4公里。疏港高速公路主线采用双向四车道高速公路标准，路基宽幅26米，桥涵与路基同宽，全线设计时速为100公里。全线设置沙溪枢纽、金浪西、金浪、港城共4处互通式立交，设置分离式立交3处，设置主线收费站1处，纳入沿江高速公路统一管理。疏港高速公路的建成通车，意味着太仓港公路运输体系初步形成，不仅开创了太仓港集疏运体系的新篇章，也极大地优化了我市北部交通运输环境，对区域经济发展起到极为重要的推动作用。所有进出太仓港的集装箱车辆可避免走338省道和224省道，将从疏港高速直接进入港区各作业区和码头。沿线镇区的车辆可直接通过互通立交进入高速公路，对缓解路网交通压力具有现实意义，有利于提高太仓北部地区的运输能力，优化路网结构，提升交通运输整体形象。特别为国家级太仓港经济技术开发区打造千亿级的沿江产业集群，提供了重要交通保障。

2. 沪通铁路。该铁路是国家铁路"十二五"规划建设的重点项目之一，是国家沿海铁路大通道和长三角城市快速轨道网的重要组成部分，正线全长137公里，为双线电气化铁路，设计行车时速200公里。沪通铁路也是我市境内的第一条铁路，太仓段全长29.03公里，主要设有太仓港站、太仓站、太仓南站三个车站。2020年5月30日，通沪铁路一期开始试运行，"和谐号"C3816次动车组列车从上海站始发，沿着京沪、通沪铁路跨越长江，驶向南通方向在通沪铁路上试行，2020年7月1日正式通车。沪通铁路建成开通后，对太仓城市发展、投资环境优化等产生巨大的促进作用，对于提升太仓港集疏运能力，加快实施接轨上海战略，构建"公水铁"立体式现代综合交通运输体系具有深远的影响。同时，这条南北向铁路大通道建成后将给市民出行带来极大的便利，为沪太同城化发展按下了"快捷键"。

3. 疏港铁路。2021年12月29日，太仓港疏港铁路专用线首列列车从浮桥装卸作业场出发，发往河南郑州圃田站，标志着太仓港结束了无铁路接入的历史，迈入铁水联运时代。太仓港疏港铁路专用线是国家发改委明确的长江干线12个重点铁水联运设施联通项目之一，总投资18.87亿元，正线全长13.2公里。该专用线分南北两条支线。南线自沪通铁路太仓港站始，沿浪港河南侧廊道至太仓港浮桥作业区后方止，全长11公里；北线自沪通铁路太仓港站始，沿钱泾河南侧廊道至太仓港新泾作业区后方止，全长11.5公里。分别在浮桥作业区后方和新泾作业区后方建设铁路场站。浮桥作业区后方铁路场站内部规划设置2条集装箱装卸线、2条通用装卸线、预留1条装卸线，并在场站内部布置仓库、堆存场地、办公场地及其他配套设施；新泾作业区后方铁路场站内部规划2条通用装卸线，预留2条装卸线，同时场站内部布置仓库、堆存场地、办公场地及期他配套设施。

除了以上三个重点交通工程之外，"十四五"期间规划延伸5条道路，一是对现有海港路进行延伸，从已建道路连接至主江堤，长约450米、宽30米，双向四车道海港路；二是339省道东延，起点346国道，终点港外大道，全长约5.67公里，其中拓宽段3.7公里按双向六车道＋辅道一级公路标准，新建段1.97公里按双向四车道一级公路标准；三是滨江大道延伸工程，主要包括滨江大道北延和南延工程，约15公里，同时，由于太仓港疏港铁路与滨江大道相交，将截断现有滨江大道，因此对滨江大道跨浪港桥梁进行改建；四是苏昆太高速东延，规划东延苏昆太高速，全长 5 公里，双向六车道高速公路标准；五是疏港快速路，先行实施一期工程，该项目起于通港公路，与纬四路、北环路交叉后，止于三期 6 号口处，路线全长 2.2 公里，按双向六车道一级公路标准实施，设计行车时速近期 60 公里。

通过新建、延伸织密交通运输网络，至"十四五"期末，构建"七横四纵两联"的公路运输体系、"四横一纵"的航道运输体系以及太仓港区铁路支线，形成"能力充分、布局合理、结构均衡、衔接通畅"的集疏运体系。

（二）航道

1. 长江深水航道。自 2011 年 1 月 8 日开通长江口至太仓港 12.5 米深水航道以来，先后实现开普型船舶吃水 10.3 米、10.8 米、11.5 米、11.8 米、12 米、12.1 米 12.3 米的七次飞跃。船舶吃水的提升，全面提高大型海轮的实载率，5—7 万吨级船型货物实载率将提升近 25%，10—20 万吨级将提升近 20%，水运运输费用大幅降低，一般 5 万吨级以上进江海轮每多装载 1 万吨货物，可节约运输成本 23.3 万元，从而促使 20 万吨大型海轮进出太仓港实现常态化。2020 年 4 月 24 日，巴拿马籍大型外轮"埃拉托号"在太仓引航站引航员的引领下，安全靠泊太仓港武港码头。该轮船长 288.93 米、宽 45 米、总吨 90188、载重吨 180120 吨、载货 87857 吨，本次进江最大吃水 12.3 米，是目前进入长江最大吃水记录的船舶。每航次能多运输矿砂约 4000 吨，为码头增加装卸费收入约 7 万元，为货主节省物流费用约 8 万元。长江深水航道给太仓港带来了丰厚的"深吃水红利"，进出太仓港船舶大型化趋势更加明显，太仓港在江尾海头，坐拥深水岸线，地处苏沪交汇的区位优势进一步凸显。目前，太仓港 17 个码头水深超过—10 米以上的泊位有 42 个，其中集装箱第二、第三、第四期码头的集装箱泊位和美锦、万方、玖龙码头的通用件杂货泊位水深均超过—13 米以上，能够满足 10 万吨级船舶和第四代集装箱船舶全天候进出，为上下 1000 万标箱创造了得天独厚的条件。

2. 杨林塘航道。杨林塘是一条人工开浚的水运航道，建于宋代，距今有近千年的历史。2011 年 12 月 18 日，杨林塘航道整治工程开工仪式在太仓杨林河畔隆重举行，标志着江苏内河水运进入了一个崭新阶段。杨林塘航道起自申张线上的巴城镇，流经昆山市、太仓市，至长江杨林口结束，是上海国际航运中心北翼港口群——太仓港的重要内河疏港航道，是"两纵六横"长三角高等级航道网的重要内河水运通道，也是江苏省"两纵四横"干线航道网规划中"第二纵"连申线苏南段的重要组成部分。此次整治工程计划整治航道 65.4 公里，按照通航千吨级船舶的三级航道标准进行整治，计划新建船闸 1 座，改建、新建桥梁 41 座，总投资 50 亿元，2015 年建成通航。工程建成后，有效改变太仓港集疏运方式单一的现状，为江苏沿江开发战略的顺利实施以及苏南地区经济发展和大宗货物的运输提供便捷、经济、可靠的内河水运条件。杨林船闸是杨林塘航道的入江咽喉，是杨林塘航道整治工程中极为重要的组成部分。船闸工程包括船闸主体工程、引航道工程、杨林节制闸、跨闸公路桥及玖龙桥等多项工程，全部工程结束要到 2015 年底。杨林船闸单个船闸的体量在全省是最大的。杨林船闸建设不仅是太仓交通的一项重要工程，也是水利建设的重要环节。

除此之外，石头塘和荡茜河航道升等内河集疏运项目在 2018 年列入《苏州市交通现代化建设三年行动计划》，将其作为太仓港疏港航道，服务太仓经济发展。石头塘现为七级航道，规划建设五级航道。荡茜河，苏州市航道部门正在做规划三级航道提升研究。待石头塘和荡茜河航道整治完成后，形成由杨林塘、石头塘、荡茜河构成的内河干线航道网。

（三）交通

1. 道路引导标志工程。为了推进腹地货物加速向太仓港集聚，2013 年 1 月 23 日太仓港口管委会就委托省交规院智能所设计太仓港道路引导标志设置正式启动建设。"太仓港道路引导标志工程"总投资 255.25 万元，覆盖苏南公路网，在苏州、无锡、常州等地区 6 条高速公路 16 个枢纽、38 个互通上设置 105 个指引太仓港标志，在国省干线公路 31 个路口设置 47 个指引太仓港标志。指引标志设置后，方便了集卡进出太仓港，提高了运输效率，降低了运输风险，提升了太仓港的影响力。

2. 开通上海公交专线。2015 年 9 月 21 日，开通浏河至美兰湖专线。该专线每天发车 12 个班次，首班车的发车时间为 6 时，末班车的发班时间为 18 时。全程 38 公里，票价为 12 元，刷公交卡享受 7 折优惠。具体运行的路线为：港区车站—龙江路—S339 东延段—滨江大道—沪太路。运营时间约为 50 分钟，可直达上海地铁 7 号线始发站美兰湖站。

这条专线的开通，解决了浮桥和港区区域居民进沪不便的问题。至此，继之前先后开通的浏河至美兰湖专线、璜泾至嘉定西站和美兰湖专线之后，我市镇区又多了一条直通上海的公交专线，进一步降低了市民的出行成本，提高了出行的便捷程度。

3. 公交配套设施。按照疏港"大动脉"与区内"微循环"有效衔接、顺畅分流的要求，着力实现各功能区互联互通，提升核心区辐射能力，全面完善区内交通体系。公交系统有公共汽车首末站，203、207、209、213 等 11 路公交车连接太仓市及周边镇区、各社区（村），实行港区公交全覆盖，并加密班次，方便居民出行。公交站实行了智能化改造，分时租赁公共电动汽车有 39 个站点，公共自行车遍布港城，加上出租车，形成了立体式交通服务网络。

二、综合保税区建设

太仓港综合保税区（以下简称综保区）是太仓重要的国家级功能载体，自封关运作以来，综保区充分发挥紧邻江苏第一外贸大港太仓港的区位优势，积极培育以亚太采购为重点的国际配送基地，以专业市场为主体的展示交易基地，以大宗货物为特色的进口分拨基地，以跨境电商为主导的贸易结算基地。

（一）创建历程

太仓港综保区是在太仓保税物流中心基础上创建而成的，大体经历三个阶段：

1. 对上申报阶段。早在 2010 年 2 月向国务院上报设立太仓保税港区的申请，2012 年 10 月 27 日，国务院发文明确将现有及新增的特殊监管区逐步统一整合为"综合保税区"，于是进行完善申报方案，2013 年 5 月 13 日，国务院正式同意批准设立太仓港综保区。总规划面积 2.07 平方公里，一期封关验收面积 0.85 平方公里，划分为口岸作业区、保税物流区、保税服务区和保税加工区等四大功能区。综保区获批设立，港区站上了更高的开放平台，为我们对接上海自贸区、构筑大物流体系、创新大通关模式、探索新经济业态、提供了有利条件和更高平台。

2. 建设迎检阶段。太仓港综保区获批以后，迅速启动了综保区的规划建设工作。根据《海关特殊监管区域基础和监管设施验收标准》和国家有关法律法规的规定，对 0.85 平方公里范围进行了基础和监管设施建设综保区，主要工程包括新建 6.8 公里长的围网，5 公里长的巡逻道，以及监控系统和信息化管理系统；改扩建了智能化卡口、查验平台、集装箱堆场和停车场等，共建成投运 15.2 万平方米仓库和 3 万平方米堆场，并配有办公室，至 2014 年 4 月基本完成了所有基础设施和监管设施任务。

3. 验收整改阶段。2014 年 6 月顺利通过省级预验收，2014 年 9 月 11 日通过了国家十部委的联合验收。验收通过后，太仓港综合保税区又进行了园区软硬件整改、关区代码申请、场地代码申请、查验场地代码申请、操作授权、系统开发授权等工作，

2014年11月19日，获海关总署验收批复同意封关运作。2015年6月5日，太仓港综保区完成了第一票保税业务，标志着太仓港综保区全面转入运作阶段。

（二）发展定位

太仓港综保区的主要发展方向为构建"四大中心"：

1.国际物流中心。开展国际采购、保税仓储、分拆集拼、加工包装、分拨配送等高端物流业务。依托食品化妆品、家具日用品、基础原材料等特色货种，重点拓展国际采购和进口配送业务，吸引国际采购商设立集货出口中心，引进物流运营商设立分拨基地。

2.贸易服务中心。依托保税备货跨境电商和传统的大贸商品，探索互联网＋国际贸易的新外贸，集国际采购、商品展示、保税仓储、物流配送、信息咨询、金融服务等众多功能于一体，促进大众创新创业新业态，建设贸易服务中心。

3.研发制造中心。依托综保区已启动的二期10万平方米仓库（厂房）的项目建设，为机械加工、电子、重型设备、保税研发等产业提供发展平台。积极放大综保区功能优势，利用现有发展空间，针对快消品、高端设备等先进制造业开展重点招商。

4.功能创新中心。主动对接上海自贸区，承接溢出效应。在已复制推广无纸化通关、货物状态分类监管、保税展示交易等16项便利化措施的基础上，重点拓展贸易多元化、保税期货交割、先销后税、保税商品仓单质押等新功能、新业态，进一步释放改革红利。

（三）功能作用

1.服务地方外向型经济。综保区服务舍弗勒、中集、中化霍尼韦尔、润邦卡哥特科等近千家进出口企业，形成以日用消费品、展示家具为主的出口集货基地，以进口食品、化妆品为特色的华东配送基地，以基础原料、工业半成品为主的大宗物资基地，综保区实现的进出口总额约占太仓全市总量的2.7%，符合国家设立综保区打造国际采购、国际分拨配送基地的定位，很好地发挥了服务产业、促进转型、示范引领的作用。

2.提升太仓港口岸能级。综保区紧邻太仓港，围绕太仓港的近洋航线，积极打造对日采购中心。先后引进永得利、邦达新、三井、日邮物流、扇扩物流等日本综合性物流公司，为优衣库、千趣汇、恩瓦德、帝人等日本大型商超企业提供仓储配送服务；先后引进欧莱雅化妆品、惠氏、雀巢奶粉等配送项目，年增加港口外贸货物吞吐量超1万标箱，促进太仓港从货物运输的一代港口向整合航运、仓储、物流、交易、加工功能的二代港口进行升级。

3. 提升物流贸易发展水平。综合保税区着力打造对接上海自贸区和苏州自贸片区的配套区，服务太仓本地经济和发展港口经济的先导区。以"保税物流立区、研发制造兴区、服务贸易强区"为主线，重点发展"2+X"产业，即做大做专国际物流和销售服务两大支柱产业形态，招引拓展加工制造、保税维修、保税研发等新兴产业形态。依托区内保税物流企业，带动贸易、运输等产业链上的配套企业落户。重点建设国际物流分拨中心，打造以日企海外仓为特色的集货集拼出口分拨基地，以大型德企第三方保税物流服务为特色的德国机械设备集散基地，以食品化妆品、母婴用品、高档服装为特色的消费品国际采购集散基地。一批全球知名品牌如欧莱雅、恩瓦德、惠氏奶粉等跨国公司先后入区设立分拨配送中心。

4. 释放创新改革新红利。综保区抓住上海自贸区可复制推广政策全面复制的机遇，在 2016 年复制实行了无纸化通关、一单两审、智能化卡口验放、集中申报和集中汇总纳税等 13 项便利化措施的基础上，2017 年又落实仓储货物按状态分类监管政策、进口货物预检验制度、保税货物展示交易业务，进一步发挥海关特殊监管区域连接国际、国内两个市场的作用，释放更多改革红利。2021 年，综合保税区完成进出口额 11.1 亿美元，同比增长 33.1%，进出口总额在全省 21 个海关特殊监管区域中排名第 12 位，进出口增速在苏州 8 个海关特殊监管区域中位居第一。2022 年，综保区完成进出口额约 12 亿美元。

（四）项目建设

1. 综保区二期仓库项目。该项目总占地面积 585 亩，总投资 16 亿元，计划新建专用仓库、大件仓库、恒温仓库 20 万平方米，堆场 3 万平方米，年运作货物 500 万吨，集装箱 20 万标箱。其中一期工程总投入约 6 亿元，占地面积 208 亩，建设 4 幢 5 万平方米厂房及仓库和 3 万平方米堆场，项目于 2017 年 12 月开工建设，于 2018 年 12 月竣工投入运营。先后引进保税物流企业 12 家及配套的贸易、物流、货代、运输等企业 200 多家，在五洋滨江广场开设了 3300 平方米的进口商品展示交易中心。

2. 建设跨境电商产业园项目。太仓港综保区拥有"立足太仓、依托苏南、服务长三角、对接海内外"的区位优势，开展跨境电商业务可以更好地建设以跨境电子商务为主体的展示交易基地，以金融服务为链条的贸易结算基地，实现综保区由目前单纯的"保税物流"向"仓储物流＋贸易结算＋物流服务＋城市发展"的转型发展。项目于 2017 年 6 月启动建设，总投资 1200 万元，在 2017 年底完成了 3000 平方米的跨境电商监管中心和公共服务平台的建设。太仓港综保区充分发挥太仓港的区位优势、政策优势、通关优势和成本优势，打造太仓跨境电商聚集区和集散中心，成为苏州跨境电商最大最具特色的集聚区，江苏领先、华东地区重要的跨境电商产业基地。2018 年，引进中国外运华东暨长江经济带运营总部项目，项目占地 120 亩，总投资 1 亿美元，建筑面积 8 万平方米。2022 年实现菜鸟跨境进口中心仓落地。

三、开发投资平台建设

为了破解制约太仓港开发建设的资金瓶颈，1993 年 7 月 12 日，太仓港港口开发建设投资有限公司成立，系太仓港经济技术开发区管理委员会下属国有独资企业，注册资本 380000 万元。确定的发展定位为"临江产业领跑者、沿江资本领投者、港城配套领建者"，以"蓄能增势'翻一番'、扛起国企硬担当"为核心使命，争做"国资转型主力军、物流枢纽主阵地、产城融合主引擎"。公司下设工程建设板块、产业投资板块、港城运营板块、物流贸易板块、文旅服务板块五个业务板块，控股企业 24 家，实际运营 18 家。2022 年，实现营业收入 204333 万元，税收总额 1822 万元。

1. 工程建设板块。此板块由太仓启航科技发展有限公司负责，主要业务涉及基础设施建设、市政工程等。成立以来管理代建完工太仓市公安局金浪派出所迁建工程、浮南社区配套用房 2 个项目；已完成汇邻生活广场、生物港三期、港城广场西侧连廊、港区公共交通停车场、港城广场 C 座 11-13 层装修共 5 个项目；在建项目有港区医院、化工园停车场调度管理中心、静江佳苑、欧美产业园二期（A 区）、科创园一期、同高院中央配餐中心、牌楼卫生院、牌楼社区配套用房、综保区丙一类仓库共 9 个项目。

2. 产业投资板块。此板块由太仓市融创科技发展有限公司、太仓港同高院工业科技发展有限公司、太仓泓利投资管理中心（有限合伙）组成。主要包括：产业载体投资、产业基金投资、科技金融等主业。截至 2021 年底，公司资产项目累计（不含综保区堆场、港城广场 1 号楼）已出租面积 39.30 万平方米，出租率 77.13%。其中楼宇项目（不含港城广场 1 号楼）已出租面积 18.54 平方米，出租率 93.08%。生物港一期、二期、三期合计已出租面积为 42058.89 平方米，出租率 42.41%。同高院已出租面积为 41723.49 平方米，出租率 97.95%。综保区一期、二期（不含堆场）

合计已出租面积为 117474.67 平方米，出租率 72.66%。

3. 港城运营板块。此板块由太仓汇港城市发展有限公司、太仓汇港产业发展有限公司、太仓临港物业管理有限公司、太仓启航人力资源有限公司、太仓宜泊运输服务有限公司、太仓江城城市污水处理有限公司组成。主要包括：园区管理、物业服务、停车场管理、人力资源服务等一系列相关配套服务。2021 年，汇港产业营业收入 483.76 万元；临港物业营业收入 2792.56 万元；启航人力营业收入 5435.76万元；江城污水处理厂营业收入 522.33 万元，日污水处理量最大达 2 万吨。

4. 物流贸易板块。此板块由太仓港临港投资开发有限公司、太仓新港物流管理中心有限公司、太仓启诚商业贸易有限公司、昂远商业保理（上海）有限公司、泓源航旅实业（苏州）有限公司组成。主要包括：综保区综合公共管理、仓储物流服务、保税交割、商业贸易、保理投资及其他相关金融服务。2021 年底，新港物流营业收入 3388.56 万元；启诚商贸营业收入 6.51 亿元；昂远保理营业收入 141.73 万元；泓源航旅营业收入 11.35 亿元。

5. 文旅服务板块。此板块由太仓港商旅投资发展有限公司、太仓郑和国际酒店管理有限公司、太仓市国际贸易营运中心有限公司组成。主要包括：文化旅游管理、酒店管理、进出口商品销售展示等。2021 年，商旅公司营业收入 138.52 万元；郑和国际酒店营业收入 1554.03 万元；国贸公司营业额 741.26 万元。

第二节　动力机制

"积力之所举，则无不胜；众智之所为，则无不成。"太仓港之所以能够如此快速地发展，是因为集聚了"八大动力"机制，正可谓"八方聚力、能量无穷"。

一、上级支持

（一）省级方面　自建立江苏太仓港口管委会以来，省委、省政府高度重视太仓港发展，2015 年，江苏省委、省政府颁发了《关于贯彻落实〈国务院关于依托黄金水道推动长江经济带发展的指导意见〉的实施意见》，太仓港被定为江苏省沿海沿江主要港口和重点建设的沿江港口，重点加快太仓港四期集装箱码头建设，培育发展远洋航线，加密近洋航线，加快发展内贸航线，扩大区港联动范围，加强与沿江港口的联盟，强化太仓港上海国际航运中心北翼集装箱干线港的功能。同时要求"以太仓港为试点，推动集装箱江海河联运发展，推动长江及内河'驳运快线'建设"。2015 年 1 月 14 日，时任江苏省委书记罗志军来太仓港调研，冒雨考察了集装箱码头，认真听取了太仓港建设发展情况汇报，对太仓港发展取得的成绩表示充分肯定。同时指出，太仓港是江苏省重点建设的两大港口之一，战略地位十分重要，今后要加大与省内其他港口的合作力度，主动"嫁接"上海自贸区，抓住国家"一带一路"和长江经济带建设新机遇，争取再上新台阶，为江苏未来的发展给予更多支持，在江苏打好"经济强"战役中发挥重要带头作用。2017 年 8 月 15 日，时任江苏省副省长蓝绍敏调研太仓港发展以及离岸创新基地建设情况，分别考察了太仓港上港正和集装箱码头、太仓港集装箱作业区和滨江大道浪港桥。他指出，太仓港在全省港口新一轮强化发展中具有不可替代的作用。并要求紧紧抓住扬子江城市群建设、全省港口"一盘棋"发展等机遇，继续跨越发展，为建设港航强省和推动"两聚一高"新实践做出更大贡献。2019 年 7 月 8 日，时任江苏省委书记娄勤俭视察太仓港，察看集装箱码头后指出，太仓港资源禀赋很好，希望港口把政府支持和市场力量结合起来，加快发展步伐。

2021 年 4 月 14 日，时任江苏省副省长惠建林一行实地考察太仓港集装箱四期建设项目，就港口经济、沪太同港化、服务长三角一体化等工作开展调研，对太仓港建设发展取得的成绩给予充分肯定。2022 年 7 月 1 日，省委书记吴政隆来太仓港调研，先后视察了太仓港中控室、集装箱四期码头，实地了解基层党建、港口发展、安全生产和疫情防控情况，他提出，太仓港地处江海交汇处，在全国全省发展大局中地位重要。深化与沿江沿海港口协同联动，以一流设施、一流技术、一流管理、一流服务打造安全便捷、智慧绿色、经济高效、支撑有力、世界先进的一流港口，在共建"一带一路"、推动长江经济带发展和长三角更高质量一体化发展中进一步找准自身定位、发挥比较优势、展现担当作为，在更好服务构建新发展格局中做出更大贡献。

（二）苏州方面　太仓港是苏州港的重要组成部分，苏州市委、市政府不仅对江苏太仓港口管委会配强领导力量，而且市委主要领导多次亲临太仓港视察指导，协调经济发展中突出的问题和困难，有力地推动了太仓港的快速发展。2014 年 7 月 18 日，时任苏州市委书记石泰峰在太仓市调研时实地考察了太仓港，听取了太仓港港口管委会负责人介绍后表示，太仓港是我省重点建设的外贸大港，是苏南乃至全省产业升级的一个重要支点，要抢抓机遇推动太仓港实现更大发展。并强调要抢抓长江经济带建设的重大历史机遇，继续实施"以港强市"战略，进一步加快基础设施建设和功能提升，促进太仓港更加繁荣；加大港区联动、产城互动，促进太仓港经济技术开发区二次创业，不断增强临江产业综合实力。2018年7月2日，时任苏州市副市长金洁一行来到太仓港综保区，就跨境电商业务开展情况进行调研。实地考察了综保区内的跨境电商监管中心以及"太境通"保税仓库，详细了解了"1210"网购保税进口的业务流程，鼓励"太境通"进一步整合资源，咬定目标，乘势而上，与综保区一同促进太仓跨境电商产业更好更快发展。2020年5月11日，时任江苏省委常委、苏州市委书记蓝绍敏率有关部门负责同志专题调研太仓港，实地考察了苏州现代货箱码头、太仓国际集装箱码头、太仓港上港正和集装箱码头及集装箱四期工程建设现场，听取太仓港规划布局、航线发展、环境整治及疏港铁路专用线、集装箱四期工程建设等情况汇报。蓝绍敏书记强调，苏州全市上下要高度重视太仓港的战略地位和优势，给太仓港全力以赴、最大限度的支持，把太仓港打造成苏州开放再出发的"门户港"、长三角一体化发展的"示范港"、现代经济发展的"枢纽港"。2021年月29日，时任江苏省委常委、苏州市委书记许昆林，苏州市委副书记、市长李亚平赴太仓港调研，许昆林要求太仓港继续把合作往深里走、往实里做，争做"沪苏同城化"的示范。与上港集团、省港集团全面深化务实合作，加快合作项目建设步伐，早日实现集装箱业务和口岸监管"同港化"，承接好上海港的溢出效应，不断提升太仓港在港航界的地位。许昆林表示，苏州市委、市政府将一如既往高度重视太仓港建设，全力支持上港集团、省港集团在太仓港壮大业务、合作共赢。2022年5月21日，苏州市委副书记、市长吴庆文到太仓港调研，实地了解太仓港疫情防控和运营情况，研究谋划下一步建设发展，强调要积极抢抓长三角一体化发展、长江经济带建设等国家战略，全力加快港产城深度融合发展，助推做大做强苏州港。吴庆文市长强调指出，要积极抢抓国家战略叠加的重大历史机遇，在全市层面加强统筹协调，不断做大做强苏州港，全面提升服务能级。要推动太仓港打造更高水平的门户港、贸易港，加快物流港到物贸港的转型，以航线带动供应链、产业链发展。要深入研究港口、产业、港城全要素融合，助推港产城深度融合发展。2022年7月12日，苏州市委书记曹路宝主持召开苏州港改革发展专题会，深入贯彻省委书记吴政隆调研太仓港讲话要求，充分发挥江海联运优势，进一步优化管理体制，完善集疏运体系，推进港产城融合，加快提升苏州港建设发展水平，在更好服务构建新发展格局中做出更大贡献。同年8月16日，曹路宝书记主持召开苏州市委常委会会议暨专题调研太仓工作会议，研究苏州港改革创新发展，大力推动苏州航运物流业高水平发展，并专题调研太仓市高质量发展工作，部署推进相关重点事项。会议强调，要把港产城一体化作为太仓城市发展的第一战略。要优化城市空间布局，推动港口规划、产业规划、城市规划相互衔接，抓好港区中心区规划建设，进一步完善交通运输体系，提升功能配套，让港区更精致、更有温度、更具烟火气；要大力发展临港产业，引进更多总部型、税源型、平台型优质物贸企业，推动航运金融、保险等产业发展，把"港口流量"转变为"经济增量"。

（三）太仓方面 太仓市委、市政府作为太仓港的"父母官"，始终坚持"以港强市"战略，在五年规划和每年的市委扩大会议报告和政府工作报告中都对太仓港的发展提出要求，不断提升标杆。2013年，市委提出港区要成为"以港兴市先行军、产业发展主战场、城市建设新空间、创新引领实践区"的发展要求，2016年4月6日，市委领导在太仓港经济技术开发区工作推进会上要求港区"当好全市发展主战场和生力军，做好对外开放主阵地，做好全市经济发展压舱石。"同年11月16日，在全市开发区工作会议上市委领导要求"全面吹响开发区'二次创业'冲锋号，开创开发区发展新局面，为全市经济社会发展增添新的动能。"2017年6月29日，时任太仓市市长王建国率太仓市相关部门负责人来港调研座谈，他强调，太仓市深入实施"以港强市"战略大有文章可做。港口港区是互利共赢的一家，要坚持产港融合、区港一体原则，发挥太仓港独特优势，高起点、高标准推进港区基础设施、集疏运体系、城市配套等建设，为太仓港未来发展提供保障。要依托太仓港大进大出的优势，发展临江临港产业，做大港口经济文章。要加强研究并出台太仓市支持物流转贸易相关政策，早日实现港区"千亿制造、千亿物贸、百亿税收"目标，促进港口和太仓市经济社会更好更快发展。2019年5月22日，时任太仓市委书记沈觅，市委副书记、市长王建国赴港区调研。沈觅强调，港区作为全市发展的主阵地之一，要紧扣高质量发展要求，牢记职责使命，弘扬实干担当，进一步突出目标指向、工作靶向和问题导向，以更强的机遇意识、争先意识和责任意识，奋力推动各项工作不断迈上新台阶。2020年1月17日，时任太仓市委书记沈觅参加太仓港口管委会年度工作会议，他强调，太仓市委市政府将毫不动摇地坚持和深化"以港强市"战略，与港口通力合作、密切联系，进一步完善常态长效沟通协调机制，加快构建形成功能互补、整体优化、共建共享的市港联动新格局，加速推动港口"流量"转化为经济"增量"，着力发展更高水平的开放型经济，奋力开创市港联动发展、共同繁荣的新局面。2022年3月8日，太仓市委常委会专题调研港区，协调解决发展中的困难和问题，汇聚起拼出"太仓速度"、全力振翅高飞的强大合力。同年7月28日，市委书记、太仓港口党工委书记汪香元出席太仓市口岸单位座谈会，他强调要提高站位，主动围绕"以港强市"这一中心工作谋划全局。要做强临港产业这个"强引擎"，在加快创新转型上突破跨越。做强现代物贸，要从建设高能级枢纽网络、打造区域性贸易中心、培育多元化物贸业态三个方面发力，推动"物流通道"向"物贸基地"转型，打响"建总仓到太仓"品牌。做大制造业，要从更大力度提升产业规模、更深层次提升产业质效两个方面发力，努力打造更具竞争力的沿江先进制造业基地。提升竞争力，要强化数字赋能、创新赋能，高标准抓好科创载体建设，不断拓宽招才引智渠道。2023年2月9日，汪香元书记在太仓港口推进"敢为、敢闯、敢干、敢首创"动员会暨2023年工作会议上指出，要坚决扛起"第一战略"使命担当，全力推动港产城一体化发展取得突破性进展、标志性成果。要深度构建"市港联动"发展格局，全面开创"以港强市、以市兴港"发展新局面。要加速推动机遇优势落地转化，为港口发展、太仓发展注入更强动能。

　　江苏省、苏州市、太仓市三级党委、政府的正确领导和大力支持，这是太仓港实现腾飞的强大动力和重要保障。

　　二、"两委"联动

　　为了更好凝聚合力，更快推动发展，江苏太仓港口管委会、太仓港经济技术开发区管委会牢固确立"一盘棋"的理念，自2017年开始提出"推进'港口'与'港区'联动发展"的课题，按照"小局各负其责、大局联合行动"的原则，建立了"五个统筹"联动机制。2022年，为了最大化发挥太仓港资源优势，做好港产城一体化文章，推动港口、产业、城市良性互动、全面融合，积极探索港口、港区、港城"三港合一"机制，持续提高"两委"联动水平。

　　（一）统筹领导班子建设　港口管委会与港区管委会实行双向交叉任职制，即港区管委会主任纳入港口管委会班子成员，参与决策研究，促进工作融合。建立会谈协商、例会通报等制度，定期协商解决阶段性重大问题，共同推进事关太仓港发展的重大事项。对重点建设项目，在决策上要联合谋划、一起研究，联合行动、打歼灭战；在管理上明确分工，相互沟通，定期协调，形成"同心同德、合拍共振"

和谐氛围。加强党建、人才培养等方面的联动，实现资源共享、优势互补。

（二）统筹破解发展瓶颈　通过联合向上争取，海港化管理、启运港退税、国际贸易"单一窗口"、执行与上海外高桥港区同等的管理政策和省政府航线发展资金、集卡免通行费以及运河免费优先过闸等一批政策措施在太仓港得到较好的贯彻实施，有效降低了货物进出成本，并与上海港、宁波港等港口开展资本和战略合作，积极融入上海国际航运中心、参与分工、加入循环，定位准确、成效明显，不仅破解了太仓港自身发展难题和瓶颈，而且有效集聚了航运资源要素，为太仓港赢得了较大发展空间。同时，共同加大对上争取力度，妥善解决集装箱四期、五期、海通汽车码头、苏州天良港粮食现代物流园等重点项目的用地计划、资金支持、政策试点等方面给予更多倾斜。建立招商联动机制，强化招商团队的协同配合，共同提高项目质量。

（三）统筹建设国际港口　根据太仓港的定位和发展要求，在岸线利用、码头建设、航线开辟、项目用地、配套设施、绿色生态以及新型城镇化发展等方面，港口管委会与港区管委会一起研究、统筹规划。按照港口、公路、铁路、水路综合集疏并举、城市生产交通和港口集疏交通分离、疏港公路和高速公路的全面互通及集疏运体系覆盖港口作业区的要求，合力对上争取，共同推进苏昆太高速公路至太仓港延伸段、沪通铁路至太仓港支线、滨江大道延伸、港外大道以及华能煤炭储运中心码头、太仓港四期集装箱码头等建设。

（四）统筹谋划港口物流　在航运业基础上拓展船代、货代、贸易商、经销商、汽车运输、仓储加工、商贸物流、电子商务、金融保险、交易中心等现代服务业，加强联动合作，合力提升物流服务水平，推进港口物流业的快速发展，形成特色鲜明、互动发展的良好格局。港口应依托码头泊位和航线航班的增量来提升集装箱吞吐量和货物吞吐量，着力做大做强进口木材、进口粮食、进口水果、进口肉类、汽车滚装、冷链物流等产业，为港区产业发展提供足够的货源。同时，结合港口吞吐货物发展装卸、劳务、运输、代理、仓储、贸易、物流、加工等相关产业，港区统筹谋划码头泊位、堆场、仓储等基础设施建设，满足港航业发展需要。

（五）统筹共建绿色港口　在科学利用水资源、控制治理长江水污染、防治大气和土壤污染、强化生态保护修复、提升长江防洪保安能力以及安全生产、环境整治等方面，港口管委会与港区管委会明确分工，落实责任，齐抓共管。

三、区镇一体

根据市委《关于区镇一体化管理体制改革决定》精神，太仓港经济技术开发区管委会和浮桥镇政府实行区镇合一体制，即规划、建设、土地利用、财税、干部管理"五个统一"，港区以产业发展和港城开发为主，浮桥以拆迁安置、社会建设和改善民生为主，分工协作，形成合力，共同推动国开区发展，惠及全体浮桥群众，实现"四个共享"：

（一）发展共享　以中小企业创业园为载体，发展配套产业，加大土地流转力度，探索土地承包经营权、物业折价入股等改革模式，大力发展股份合作经济。加强就业创业培训，提高工资性收入，增强村级经济可支配收入和农民人均纯收入水平。

（二）保障共享　在巩固城乡低保、基本养老、医疗保险三大并轨的基础上，通过构建终身教育体系、就业服务体系、社会保障体系、基本医药卫生体系、住房保障体系、养老服务体系这"六大体系"，强化基本公共服务功能，更好地保障和改善民生，提高百姓幸福指数。

（三）环境共享　持续推进"三打一管"（打击违法建设、违法木材加工、违法养殖，加强城市管理），巩固集中整治成果，形成长效管理机制，保持市容市貌、村容村貌、交通要道美观整洁有序。加强"三废"治理，实施"一厂一管"、污水厂扩建、固废处置中心工程，全部完成脱硫脱硝改造，创建循环经济示范园区。

（四）安宁共享　整合平安创建、政社互动、信访维稳等资源，创新社会管理机制，建立民意沟通快速、诉求表达通畅、问题依法解决、矛盾及时化解的群众工作新机制，确保社会安定祥和。

四、团队精神

"事须是有精神方做得。"港口管委会和港区管委会领导班子不辱使命，自加压力，负重拼搏，形成了一种特别能战斗的"实干精神"，这是太仓港实现腾飞的重要的内在动力。

（一）"敢于担当"精神　2013年，港区定位提出了"勇于争先、善于创新、乐于奉献"的要求，全力争当太仓发展第一主力、进入沿江开发第一梯队、跻身江苏园区第一方阵。2014年，提出了达成"五个核心共识"：敢担当、重落实、求创新、优服务、尚廉洁"，以主人翁的姿态，投身港区开发建设，努力创造出无愧使命担当、不负创业梦想的崭新成绩。2015年，港区提出了确立"三个新状态"的要求，即担当的新状态、实干的新状态、奉献的新状态，以干部工作新状态引领经济发展新常态，凝聚干事创业正能量。2016年，在港区机关开展"讲忠诚、勇担当、树形象、促发展"主题教育活动，大力弘扬"埋头实干、久久为功、敢于担当、乐于奉献"的新时代港区精神。2017年，港区党委带领全体干部职工重拾"四千四万"精神，在项目建设中担责任、当先锋、作表率，以项目论英雄、以作为看水平。通过转压力为动力，变重任为责任，将目标分解到年度、到部门、到个人，确保各项经济社会发展目标顺利实现。敢动真碰硬、敢主动出击，敢争第一、敢创唯一，只为成功想办法，不把困难当借口。力争做到关键时刻有担当、服务大局作贡献，在"二次创业"中有所作为。

（二）"忘我奋斗"精神　2015年，港口大力弘扬"三创三先"精神，即创业、创新、创优，争先、领先、率先。按照目标任务项目化、责任化要求，形成评价考核机制，提升服务效率效能港口。2019年，明确了"忘我奋斗"精神的内涵要求，即要有勇立潮头、锐意创新的豪气，以只争朝夕的紧迫感切实把创新抓出成效来；要有敢啃硬骨头、敢打硬仗的胆气，以志在必得的韧劲逐个破解建设发展中的难题和矛盾；要有敢担不退缩、临险不畏惧的正气，切实担负起应有责任；要有爱岗敬业、夙夜在公的朝气，把每一项事都干好，把每一项工作都落实到位；要有坚持底线、心存敬畏的定气，牢牢守住环保、稳定、安全、廉洁"四条底线"，决不能发生有影响的环保事件，决不能发生较大以上安全生产责任事故，决不能肆意妄为、破坏纪律规矩。

这种精神既是激励领导干部勇于担当、努力拼搏的动力源泉，又是凝聚全港人员风雨同舟、共铸辉煌的有效法宝。

五、党群合力

（一）党建联盟　2017年12月18日，太仓港区域化党建联盟正式成立，该党建联盟将创出特色，努力打造"红色港湾"党建品牌，真正实现"聚心聚力、共建共享"的目标，为港区经济社会持续稳健发展提供有力支撑和根本保障。

"红色港湾"党建品牌将围绕"组织共建、资源共享、活动共办、事务共商、党员共管"五大主题，服务大局、凝聚人心、推动发展、促进和谐。创新"开放包容、理事轮值、积分管理、结对帮扶、党群联动"五大机制，打破区域、空间、体制限制，有效整合党建资源，实现党的基层组织自身建设与区域发展"相融、互动、共进"，切实推动太仓港基层党建全面进步，着力构筑适应新时代要求的基层党建新格局。党建联盟将创出特色，努力把"红色港湾"党建品牌打造成市级乃至更高范围内基层党建工作中的一个亮点；抓出实效，通过广泛开展行之有效、内容丰富、形式多样的共建活动，推动党建全面过硬；完善机制，不断谋划新思路，逐步把党建联盟这项新举措完善成为机制完备、效果明显、群众认可的典型，真正实现"聚心聚力、共建共享"的目标，为港区经济社会持续稳健发展提供有力支持和根本保障。

2019年，港区、浮桥镇联手推出22个党建重点项目，打造太仓港区域化党建联盟"升级版"，提升"红色港湾"党建品牌含金量，突出组织共建、资源共享、活动共办、事务共商、队伍共育"五大主题"，构建开放包容、清单管理、理事轮值、党群联动、精准提能"五大机制"，完善筑基港湾、聚能港湾、活力港湾、和谐港湾、先锋港湾"五大功能"，有力推进了"沿江先进制造基地、临港现代物贸园区、滨江新兴港口城市"高质量建设。党建联盟还持续实施三支队伍三大提能计划，培养出更多的优秀基层党组织、优秀党务工作者和优秀共产党员，并积极做好宣传、示范、引领等工作，通过先进人物的先进事迹，激励全区党员、群众弘扬攻坚克难、追求卓越的大国工匠精神，为港区实现"一地一园一城"奋斗目标做出新的贡献。

2019年12月27日，太仓港区党群服务中心揭牌。港区党群服务中心是港区重点打造的党建核心阵地，建筑面积1000平方米，包含宣传展示、教育培训和服务窗口等空间，同时整合区域党建工作站港区总站的功能，成为服务党员、凝聚群众的共享空间和"红色家园"。从此之后，港区将党建联盟形成长效机制，进一步发挥联盟理事会、会员单位的作用，引领经济社会发展。把区域党建工作做"实"，紧紧围绕新目标，在各自领域使劲发力，凝聚奋发向上的巨大合力，融入发展大局，实现党的建设与经济社会发展同频共振。找准切入点、结合点和落脚点，把区域党建工作做"优"。统筹结合、久久为功，为推动全区经济社会发展提供坚强的组织保证，担当起"以港强市"的历史使命。2021年，推动党建深度融入中心工作，开展"项目招引""文明典范城市创建""疫情防控"等攻坚先锋专项行动，打造推动经济发展的红色引擎。发布"精准惠企"十大项目，组建"全程代办"等特色行动支部，护航企业舒心发展。"沪太同港"高技能人才培养机制纳入苏州市级"我为群众办实事"常态长效机制。紧扣书记项目，"两新"党建树标杆。首创一系列"两新"党组织制度，以制度促规范促提升。为港区"两新"党务工作者定岗，选优配强党组织书记队伍，实施"港湾红匠"选育工程，全年发展一线产业工人48名。

揭牌全市首个商圈党群驿站，织密区域党建"中心—工作站—驿站"三级"海棠花红"服务阵地。全市首推"海棠院线"品牌，开展"美美商圈"建设行动，创新"两在两同""两新"案例。2022年，高质量建成太仓港党建领航中心等30个"海棠服务点"，战"疫"一线发展党员6名。建强滨江"云"海棠行动支部，完善港口流动党员教育管理机制。推行"党建领航·企业远航"工作机制，选派26名红色引航员驻企纾困。创新"5+3+3"技能人才培养体系，成立"红色港湾金蓝领"党建联盟，打造"1+2+10"技能人才培养阵地集群，建立技能人才政企校共培共育机制。举办码头岗位练兵等职业技能竞赛21次，开设"技师研修班"等8个精品班次，建立发展党员"红匠雏燕"库，推行"导师带徒"培养模式，累计培养18名党员成为二级技师，发展33名技能人才入党。组织17家企业开展63批次技能人才自主评价。建成13个市级技能大师工作室。

（二）职工之家 太仓港经济技术开发区已成立村、社区、企业等工会组织482家，组建率达98%以上，发展工会会员2万多人。工会组织坚持服务大局、服务基层、服务职工的理念，把提高职工队伍素质、培养高技能人才放在更加重要的位置，深入开展重点产业、重点工程、重点项目建功立业竞赛等主题活动，把开发区各类工会建设成为组织健全、维权到位、工作规范、职工信赖的"职工之家"。港区总工会紧紧围绕区党工委的中心工作，全力服务企业、服务员工，积极做好工会工作。2013年以来，以创建劳动关系和谐企业为载体，全力推动建立健全企业职工工资协商共决机制、正常增长机制和支付保障机制，扎实有效地开展职工工资集体协商工作。通过工资集体协商制度的建立，全区没有职工因为工资问题集体上访。区内企业普遍建立了职代会、厂务公开制度，坚持会员（代表）大会制度和会员评家机制，区工会建立了协调劳动关系三方机制和劳动争议调解机制，区内职工劳动合同签订率达100%。通过这些制度、机制的建立和完善，有效地促进了港区社会的稳定、企业劳资关系的和谐，为港区的开发建设和企业的生产经营营造了良好的环境。积极组织企业职工开展"争当排头兵"劳动竞赛，进一步提高了企业员工的综合素质、技能水平。同时，通过培育优秀人才和班组、开展合理化建议等活动，鼓励广大员工积极献计献策，激发员工工作热情，降低成本，提高效率，最大潜力挖掘员工的聪明才智，促进企业生产经营健康发展。

（三）文明实践所 为加快推进区镇新时代文明实践工作，凝心聚力为区镇高质量发展服务，港区、浮桥镇建立了新时代文明实践所，该所由原浮桥中学部分设施改造而成，总面积 5252.67 平方米，设置文体活动中心、志愿者服务站、精神文明建设成果展厅（含好人馆）、老年大学、职工之家等 18 个工作平台，具有理论宣传、教育服务、文化服务、科技与科普服务、健康促进与体育服务五大功能。同时，全面整合资源，强化组织架构，以镇、村（社区）两级为单位，全面推进新时代文明实践"两级体系"建设，成立新时代文明实践所（站）26 处。目前镇村两级新时代文明实践所（站）覆盖率达 100%。区镇充分发挥实践所承上启下的承接作用，以镇、村两级新时代文明实践所（站）为单元，以志愿服务为基本形式，整合人员队伍、资金资源、平台载体、项目活动，深入开展新时代文明实践活动，让群众有更多幸福感、获得感，从而扩大"同心圈"，增强凝聚力。

六、文化聚力

新时代要有新作为，新作为要有源动力。从做强文化这一源动力出发，港区党工委和浮桥镇党委锐意创新，开展"邻里文化节""企业文化节"和"全员阅读节"特色活动，着力集聚社会正能量。

（一）邻里文化　邻里凝聚正能量，扬帆港城追梦想。2013 年 5 月，港口党工委、港区党工委、浮桥镇党委联合举办"和为贵邻里文化节"活动，对营造和谐的居住氛围，形成融洽的邻里文化，推动精神文明建设，激发集聚社会正能量，为实现区镇人民的"港城梦"提供强大的精神动力。首届邻里文化节期间，在村、社区、企事业单位中大力开展"文明领航、党旗飘扬、邻里互爱、家园呵护、践廉清风、文体惠民、银发关爱、雏鹰展翅、岗位成才、村官充电"等十大主题活动，进一步营造齐心协力、团结互助、和谐奋进的社会氛围。

自 2008 年举办首届邻里文化节以来，港区、浮桥镇始终遵循"政府搭台、群众唱戏"的原则，把邻里文化节办成老百姓自己的节日，一办就是十多年，已经成为一项内容丰富多彩、群众喜闻乐见、每年定期举办的特色活动。

（二）企业文化　新时代要有新作为，新作为要有源动力。从做强文化这一源动力出发，太仓港经济技术开发区党工委、管委会和浮桥镇党委、政府共同举办2018 太仓港首届企业文化节，展示企业文化建设的崭新成果和干部职工的精神风貌，营造文明健康、积极向上的社会氛围，激励广大企业和干部职工聚力协作、开拓进取，以追求卓越的实际行动贯彻落实党的十九大精神，以高质量发展的全新业绩纪念改革开放 40 周年。

这届企业文化节形式多样，内容丰富，四大类21项活动涵盖文化建设、文体活动、志愿公益、技能竞赛等方方面面。企业文化节，更是企业形象展示的窗口，企业团队建设的纽带，企业文化交流的平台。2019年6月，太仓港经济技术开发区管委会、浮桥镇人民政府举行"同聚力，在一起"2019太仓港第二届企业文化节开幕式，展示企业及员工蓬勃向上的精神风貌，激发企业及员工高质量建设"一地一园一城"的积极性。来自港区（浮桥）企业的29支参赛队伍、近400名运动员参加活动。

港区、浮桥搭建企业文化节平台，并定期活动，常年坚持不懈，旨在进一步发挥企业文化在凝聚发展合力、激发创业热情方面的巨大作用，引导企业为打造"沿江先进制造基地、临港现代物贸园区、滨江新兴港口城市"做出新的更大贡献。

港口开展歌唱大赛，传递港口声音，展示港口风采，凝聚港口力量，共创美好未来。2018年9月28日，"外代杯"太仓港好声音职工歌唱大赛总决赛声势浩大、盛况空前，太仓电视台演播大厅现场400名观众，微信直播2个小时23万人次点播，5484条留言，突破单次举办活动的直播历史记录，观看直播的观众两次挤爆了服务器！2019年12月24日，由重庆港、武汉港、南京港、太仓港共同举办的"长江港口好声音"职工歌唱大赛在太仓电视台800平演播大厅开唱，来自重庆港、武汉港、南京港、太仓港、芜湖港、九江港等港口的14组17位港航职工用美妙的歌声唱响新时代的长江之歌。2021年12月29日，由江苏太仓港口管理委员会、中国太仓外轮代理有限公司主办，太仓港、江苏省港、安徽省港、湖北省港、重庆港、江西九江港等港口派员参加的歌唱祖国·踏浪而行2021年"长江港口好声音职工歌唱节目汇演正式线上直播，并成功举办"同聚力·在一起"第四届企业文化节暨第三届职工趣味运动会。2022年开展"喜迎二十大、奋进新征程"系列活动，纵深开展"领航先锋、奋楫先锋、战疫先锋、绿色先锋、关爱先锋"五大先锋行动，由港口党工委管委会自编自导的"江韵流芳"评弹节目入选中国曲协"长江颂"长江流域优秀曲艺节目。

（三）全民阅读　悦读越享读，书香充盈港城。太仓港区坚持每年开展全民阅读节活动，使"全民阅读、快乐阅读、终身阅读"理念深入人心。在阅读节期间，精心组织策划一系列丰富多彩的阅读活动，以品牌活动为载体带动全民阅读，从而实现读书"悦心"的目的。充分发挥群团组织的作用，引导各企业结合自身实际开展各类读书分享会、诵读会、赠书、演讲比赛等活动，不断扩大全民阅读覆盖面，促使干部群众逐渐养成"爱读书、勤读书、读好书、善读书"的良好习惯。充分发挥"互联网＋"的作用，打造网络阅读服务平台，利用 QQ、微信、微博等互联网新媒体及时推送各类阅读节读书、荐书、赠书活动，建立高标准职工电子阅览室，使职工群众能够及时享受网络阅读资源。提升企业读书平台，开展企业"三送服务"，鼓励支持企业建立职工书屋，为车间、班组配备书架，把各类书籍、学习资料输送到生产一线。太仓港区目前已有国家级、省级等多个职工书屋，藏书超 7 万册，营造了阅读引领生活、积淀文学底蕴的良好氛围。一项项蓬勃开展的阅读活动，犹如一个个"精神加油站"，为全区职工群众注入了源源不绝的精神活力。2021 年，"悦读畅享生活，书香礼赞百年"主题活动获苏州市第十六届全民阅读节优秀活动奖。

七、商会联盟

（一）太洋联盟　从 2007 年第一班太仓洋山快速通道顺利开出到现在，上海长航、上海泛亚、江苏恒隆、江苏远洋、上海集海等多家船运公司纷纷参与，结成"太洋联盟"，每天都有集装箱船从太仓港开出，就像"水上巴士"开往洋山港，为"江海联运"做出了重要贡献。

（二）企业家联盟　2014 年 12 月 17 日，由太仓港开发区管委会和博济科技园共同举办的太仓港企业家联盟成立仪式，于博济中国智汇港成功举办，来自太仓的60 家企业、苏州的 30 家企业和上海的 10 家企业加入了太仓港企业家联盟。该联盟旨在为入驻企业提供发展助力，携手共进，合作共赢，全力推进太仓科技文化，共图发展大计。

（三）港区商会　2019 年 3 月 6 日，太仓市港区商会正式成立，并召开一届一次理事会议，选举产生了港区商会第一届会长、常务副会长、副会长、秘书长，集聚了 50 多家会员单位。港区商会成立后，将凝聚好区内众多企业的力量，繁荣经济，当好港区规范市场经营、维护经济秩序、协调各种关系、团结服务各民营企业的助手，做好非公有制经济代表人士的思想政治工作，积极向政府和有关部门建言献策，分忧解难，为港区高质量建设"一地一园一城"做出应有贡献。

（四）"苏货苏运服务联盟"　2022 年 6 月 8 日，太仓港"苏货苏运服务联盟"成立仪式举行。太仓国际集装箱码头有限公司、苏州现代货箱码头有限公司、太仓港正和国际集装箱码头有限公司、太仓港正和兴港集装箱码头有限公司、中国太仓外轮代理有限公司、中远海运集装箱运输有限公司苏州经营片区、江苏恒隆物流有限公司、江苏飞力达国际物流股份有限公司太仓分公司、苏州恒裕达航运有限公司、太仓鸭嘴兽供应链管理有限公司、太仓陆丰国际物流有限公司、江苏方正苏高新港有限公司、中国外运苏州物流中心有限公司 13 家企业代表作为首批成员单位，被授牌并做出服务承诺宣言。苏货苏运服务联盟将通过集聚车队、内河支线船公司、代理等服务，促进港航物流各项要素与苏州进出口企业快速对接，降低企业物流成本、减少企业物流困扰，确保企业在太仓港的货，开开心心进得来、轻轻松松出得去，全力打造营商环境服务新标杆，为支撑和保障区域经济社会发展提供坚强的港口担当。

八、激励机制

（一）干部责任考核　按照"干部带头、争当先锋"的要求，完善考核考评机制，变压力为动力。分别制定"全年重点工作目标量化考核表""港区年度岗位目标责任制考核办法"等制度，下发"关于严格外出请假报批制度的通知"以及"关于开展岗位抽查工作的通知"等通知，加强考核考评。每月对各部门的计划和完成情况进行比对，检查工作的开展及落实情况。每季度对各部门的年度工作目标完成情况进行收集汇总，在局域网上公示，每半年进行目标责任制考核。同时开展每季度抽查工作，通过关爱谈、半月谈、集体谈等多种形式，进行岗位抽查，把平时掌握的情况、督查发现的问题结合起来，综合考察，并将考核结果作为对党员干部总体评价和干部评定、奖励惩处、选拔任用的重要依据。2021 年，制定并严格落实《太仓港经济技术开发区各部门在职在编人员平时考核实施细则（试行）》相关要求，常态化加强对干部的日常管理和监督。全面开展"奋楫扬帆激发港区速度"干部综合能力提升行动，围绕推动港区发展量质齐升明确五大系列活动，以打造一支激情澎湃、善作有为、勇于担当的高素质干部队伍。2022 年，落细落实"三项机制"，激励干部担当作为，选树"三项机制"典型案例。多层次提升干部综合能力，制定《港区干部综合能力提升三年行动计划》，修订《机关干部交流轮岗实施办法》，制定《AB岗工作办法（试行）》。坚持严管厚爱相结合，严格干部日常监督管理，规范落实平时考核制度，以严考核促规范。

（二）评比先进企业　港区每年开展年度评比表彰先进企业的活动，以激励企业争先创优。重点围绕"完成纳税、工业销售、出口创汇、服务业发展、科技人才、固定资产投入、安全生产、环境保护"等内容明确考核指标，年底进行考核评比。

为鼓励民营企业的发展，专门设立考核指标，评比"十佳民营企业"。来年年初隆重召开年度总结表彰大会，表彰先进，鼓励企业要以先进为标杆，坚持创新引领，加大有效投入，不断提升核心竞争能力和产业带动能力，为推动经济高质量发展做出新的更大的贡献。

（三）开展劳动竞赛 工会和企业联动，开展技能比武、安全培训、6S管理、"岗位练兵台"、"我是特种兵"、微信评比"最美员工"以及小发明、小创造、小革新、小设计、小建议等活动，在班组之间和班组内部掀起比、学、赶、帮、超的热潮。同时，做好各级"五一劳动奖章""工人先锋号""先进生产者""劳动模范"的推荐申报工作，港区获评市级以上劳模人，为港区树立了学习榜样。

（四）推选"太仓好人" 为弘扬主旋律，传播正能量，表彰先进，弘扬新风，2015年开展首届"最美港城人"评比表彰活动，对一批在思想道德、岗位成才、诚实守信、创新创业、慈善公益等方面社会形象好、群众认可度高的先进人物，通过组织推荐、网络投票、评委会审定，获得"最美港城人"荣誉称号的先进人物颁发荣誉证书，并通过媒体、展板宣传他们的事迹。2019年开展首界"太仓好人榜"评选活动，经广泛发动、基层推荐、资格审核、好人评议团评议等环节，筛选评选出"太仓好人"先进人物，对于鼓舞和激励人们见贤思齐、推动先进典型持续涌现、引领明德惟馨的社会风尚将起到积极作用。

第三节 综合管理

一、环境保护

（一）污水处理 2013年，完成了江城污水处理厂扩建及纳污管网、浏家港污水收集管网、化工区破损管网修复等一批环保工程。完成了江城污水处理厂扩建及纳污管网、港城组团污水处理厂臭气治理、浏家港污水收集管网、化工区破损管网修复等环保工程。2015年完成化工区污水厂扩建主体工程建设，2016年港城组团污水厂改造及扩建工程完工，2018年完成生活污水接管2800户。2020年，太仓港新建雨污水接收池3个共2.2万立方米。2021年，全港所有化工和散货码头作业面均建有初期雨水和生产污水收集处置设施，所有码头陆域生产污水和生活污水经初步处理后纳入城市污水管网，全港污水纳管率达到100%。至2022年，港区共建成江城污水处理厂和化工区污水处理厂2座大型污水处理厂，基本实现区内产业园区、住宅小区、城镇街道污水处理全覆盖。

（二）船舶污染物治理 2018年，船舶污染物接收转运处置形成闭环监管，生活垃圾实行分类收集，危险废物处置做到"四清"，节能减排成效明显。2019年，鑫海码头等建成雨污水收集池、事故应急池，全港生产生活污水纳管率达100%。2020年，建成太仓港船舶污染物接收处置站，所有码头实现船舶污染物"应收尽收"。2021年，长江太仓水上绿色综合服务区暨船舶污染物接收转运处置中心、垃圾接收中转站和阳鸿石化化学品洗舱水及含油污水接收处置站投入运行。实行"船E行"电子联单制度。2021年，全港接收船舶生活垃圾约470吨，长江漂至码头的白色垃圾约8000立方，生活污水约1.85万吨，含油污水约1.22万吨，化学品洗舱水204吨。正和国际、正和兴港码头荣获全国"三星级绿色港口"荣誉称号，华能港务、正和兴港码头荣获省级"四星级绿色港口"，现代货箱码头荣获省级"三星级绿色港口"，全年未发生一起环境污染事件。

（三）大气治理 2013年，港区除华能一台30万、玖龙2台5万机组正在实施脱硝改造外，其他的机组全部完成脱硫脱硝改造。2014年三大电厂累计投入十多亿资金，全面完成脱硫脱硝等环保改造。大气自动预警监测站建成调试。2015年完成了14个大气污染减排项目，实施了国华电厂7号机组超低排放改造。2016年全面完成化工区42家企业有机废气整治工作，完成了三大电厂机组超低排放改造。

2018年推行重点企业水平衡监测，大气污染物排放监控平台加快建设。大气监控平台一期、"一厂一管"、中蓝环保、华能燃煤耦合等项目稳定运行。2013年，现代货箱码头是国内首批全部采用"油改电"的码头，也是太仓港全力打造全省低碳节能示范港口码头。2017年3月，武港码头接驳岸电成功，标志着太仓港首个"以电代油"岸电工程（即船舶在靠港期间由岸电代替柴油机发电，既环保又节能，可以有效消除停泊期间对码头周围的噪音和废气污染，也为船员提供了更好的居住环境。）成功投运，也标志着太仓港打造"绿色港口"岸电工程建设全面铺开。深入推进"263"专项行动，开展原油成品油码头油气回收试点，全面完成码头起重作业设备"油改电"任务，所有码头生产生活污水全部纳管处理，建成一批岸电设施。阳鸿石化在苏州市首个建成油气回收装置，长江石化油气回收装置建设正在办理相关手续。2018年，在武港码头的带动和影响下，13家码头企业建成岸电装置74套，集装箱、件杂货和散货码头岸电覆盖率达100%，港作船舶、公务船舶全部使用岸电。2019年，完成水平运输机械"油改电"改造6台、集卡尾气改装15台，码头岸电覆盖率达100%，港作船舶靠泊期间全部使用岸电，更换节能灯具1500盏。2021年，全港产生危险废物的企业全部建有危险废物库，建成危废库17座，危险废物做到统一收集、分类贮存、网上申报、与有资质的单位签订处置和运输合同。2021年，太仓港共有14家码头企业建成93套岸电设施，除石化码头外岸电覆盖率达到100%，在全市首先实现岸电泊位覆盖率达到100%，对具备接电条件的船舶严格落实"先接岸电、再从事装卸作业"的要求。2021年，岸电使用1.18万艘次，接电时间超过12.7万小时，岸电使用量较2020年度提升201%。2021年，全港港作机械共计1035台，其中码头吊机、门式起重机等235台器械已全部实现电驱动，全港水平运输车辆约460台，按照上级三年整治工作要求，2022年还有41台国三排放水平运输车辆淘汰任务。同时，建成全港第一座LNG加气站。

（四）扬尘处理 2017年所有散货码头都已建成配套的防风抑尘设施。2019年，武港码头堆场启动防风抑尘网建设，在建工地扬尘治理做到"六个百分百"，鑫海等6家码头完成粉尘在线监测系统建设，安装监测点位数60套。2020年，散货码头和在建工地建设防风抑尘设施率达到100%，建成防尘网3623米。2021年，太仓港大型煤炭矿石码头均建成防风抑尘设施或实现封闭存储，并建设了粉尘在线监测系统，监测数据同时接入市级环保部门监管平台。

（五）河道治理 2014年，以"河坡整洁、河面清洁、水质良好，河水畅通"为管理目标，完成河道水面清理360公里。2017年，"河长制"工作全面推进，成立了港区河长制工作领导小组，设置了河长制办公室，建立了河长制改革工作方案，明确了工作目标、要求、职责、部署，确定了辖区各级河道河长和助理单位名单，并开展区内市级河道"一河一档"调查工作，全面掌握工业排污口、畜禽养殖排污、生活污水、三产污水、农业面源、防洪达标、河道淤积、沿线闸站等情况，然后制定"一河一策"方案，确定了2017—2020年每年具体任务和整治清单，全面展开河道治理工作，先后对滨海路污水管道进行了升级改造，对污水泵站进行扩建，对新春河污水溢流入河进行了改造，疏通管道1500米，并对大赦河、新春河两条苏州市级黑臭河道进行了清淤整治。2018年，加强了排污口巡查力度，坚持每日安排人员到排污口巡查，全年各级河长及助理单位累计巡河6084次，对发现的问题落实整改措施，定期复查。同时抓好重点入江支流整治，新七浦塘、杨林塘等7条入江支流断面水质平均值全部达标。2019年河长制工作不断深化，整治违建码头30

余处，提升改造护岸 4000 余米，入江支流水质均值达标，实现"河清""岸绿"目标。2021 年，不断完善"一核一廊二园三横三纵"生态系统，持续提升沿江绿色廊道、沿江生态湿地等形态结构，争创生态优先、绿色发展示范区。抓好河长制工作，坚持水岸同治，实施"一断面一方案整治工程"，完成"一园一档"平台建设，确保7 条入江支流水质稳定达标。2022 年，统筹抓好环境整治与修复保护，高质量打造沿江万亩绿廊，加快建设沿江最美生态湿地，完成胜利河等劣 V 类河道整治，确保新塘河闸断面水质稳定达标。

（六）长江大保护 根据省委、苏州市委、太仓市委的统一部署要求，全港全面开展长江环境大整治、环保大提升"百日攻坚"行动。港口围绕清除岸线非法占用、有效提升港容港貌、加快绿色港口建设、实施水上过驳专项整治、规范运行化工企业、提升固体废物和生活垃圾处置水平七大任务，分解到机关各个部门、各个企业，明确责任，强化考核，掀起了全港"为保护长江做贡献"的热潮。开展码头厂房设施设备刷新、场区内见缝插绿培绿、重点部位除净等工作，全面提升港容港貌。实施"绿色港口三年建设"行动，植树木 3.65 万株，新增绿化面积 12 万平方米，码头可绿化区域绿化率达到 100%，并以铁的手腕完成了江中非法浮吊清理、合法浮吊整合、临时过驳区建设等工作任务，全力打造长江"最美港口"。2022 年编制太仓港绿色生态廊道建设方案，投用粉尘在线监测设备和污水中转站，新增清洁能源港作机械 92 台，新建和改造污水收集池 6 个，船舶污染物收集转运处置率 100%，岸电使用量较上年同期增长 21%，占苏州市岸电使用量 44%。武港码头获评"2022年度亚太绿色港口"荣誉称号，苏州现代、鑫海码头、正和国际获批"2022年度江苏省四星级绿色港口"。港区针对长江太仓段生态环境突出问题，全力推进五大专项行动，紧扣时间节点挂图作战，确保整治项目按计划高标准完成，全力整治规模化养殖场，取缔非法码头，积极治理码头船舶污染，加快沿岸农村生活污水收集治理，开展固体废物专项整治，沿江植树造林，打造 15.8 公里沿江绿廊和 60 公里沿江绿屏。

（七）化工区整治 2014 年 5 月，港区管委会推进化工园区"一厂一管"接管工程，建设 4 个废水收集监控站房，通过对来水水质的实时监测和即时管理，确保废水达标排放。该工程于 2015 年 4 月完成公共管网铺设、监控设备安装调试，全力在年底前全面完成化工区内 42 家化工企业（其中一类有机废气企业 17 家、二类有机废气企业 25 家）的废气整治。2016 年，制定了《太仓港区化工园区环保专项整治工作方案》，以壮士断腕的决心，全面开展化工区整治行动，完成化工区42家企业有机废气整治工作，25家化工企业实施雨水强排，印染企业完成提标改造，长江石化、阳鸿石化完成油气回收系统，四方、中集建成油漆废气处理系统。2019年，在化工园区污水处理厂西侧建成净水湿地工程，总占地165亩，总投资1.5亿元，采取"复合垂直流湿地＋表面人工流湿地＋沉水植物塘"组合工艺，最大限度减轻地表水的污染负荷。2020年完成化工园区封闭式管理，建成化工专业消防站和危化品车辆专用停车场。淘汰落后企业，加快化工园区"腾笼换鸟"，筑牢沿江生态屏障。同时推进信息化、智能化环境管理模式，建设"一园一档""一企一策"，环境管理平台，通过环境管理平台，实时监控各企业废水污染源排放情况，实现企业废水的闸控和反馈功能，对废水排放实现实时在线监管，实现闭环管理，从而打赢了水污染防治攻坚战，有效改善水环境质量，为确保推进长江大保护和提升太仓港发展环境做出了贡献。2021年，接续开展"1+2+8"专项整治"三年大灶"，深入推进危化品使用、既有建筑等专项治理，危化品专用停车场完成建设，化工专业消防站加快建设，化工园区封闭化管理运行良好。2022年，完成化工园区"一厂一管"5号站扩容，建成化工园区环境管理与监控体系，启动港区污水处理提标扩容。完成污染物排放限值限量管理，将小微企业全面纳入危险废物全流程管理系统。加强重点排放大气污染物企业的环境监控，切实做好危险废物专项整治、土壤污染调查与修复等工作。

（八）原木整治 2013年，太仓港进口木材超过500万吨，一举跃升为全国木材进口第一大港。为了推进绿色低碳港口建设，港口在采用散杂货方式进口原木的同时，积极拓展集装箱方式进口建筑用木材和地板料木材业务，吸引箱装木材从太仓港进境，鼓励货主从进口原木建材向"清洁类"木材转变。港区和浮桥镇完成了港城中心区25家原木加工、木皮粉碎企业的清理，取缔了新露头的6个违法加工点，制订了木材加工保留点规范提升发展意见，万方木材园区加快建设。2014年，港区按照"重点突破、整体推进，限制加工、鼓励贸易，疏堵结合、规范发展"的思路，深入开展木材专项整治，取缔中心区的违法木材加工点，控制面上木材加工新增点，对木材加工保留点进行规划，导入环境准入、生产和消防安全、特种设备管理等标准，加快太仓港万方龙达木材加工产业有限公司建设。2018年，把中央环保督察"回头看"反馈的进口木材熏蒸池环保问题整改工作作为重要的政治任务，立即开展调查核查，督促一期码头制订整改方案，落实整改措施，按期完成阶段性整改任务，实现溴甲烷排放达标。在太仓市政府指导下制订并实施木材产业转型升级三年行动计划，明确进口木材熏蒸池一年半左右关闭、原木出港量三年减半工作目标，采取 5 项措施推动木材产业绿色发展、高质量发展。2019 年，木材产业转型稳步推进，原木水水中转量提高一倍，全年原木出港量 667 万立方米，完成年度 10% 的压减任务；原木进出港运输量监管平台建成投运，实现对原木运输全过程监管。2021 年，深入开展木材行业专项整治"百日行动"，关停企业 57 家。全港原木出港实行"白名单"管理制度，道路原木运输车辆大幅减少，原木整治成效明显。

（九）环保监管　2015 年，港区组建成立安全生产和环境保护局，根据法定职责，全面推进各项工作，严格建设项目环境准入，预防污染源产生。围绕转型升级的总体要求，在项目审批时对淘汰类、限制类的项目不予立项；对高能耗、高污染的项目在立项前与市环保局、经信委等部门联合进行严格审查；对国家列明和地方区域性工业产能过剩的项目，做好相关政策的宣传解释工作；对高新技术项目开通绿色通道，尽量缩减审批时间，做好项目前后期的衔接工作。建立环保监察抽查制度，切实开展排污企业的日常监管，督促企业加强环保设施的运行和管理，确保企业污染物达标排放，杜绝环境污染事故发生。加强重点企业环境安全隐患排查整治，认真开展了环境安全隐患排查整治工作和环保执法查处工作，全面完成上交环保督察和群众信访的整改任务。

二、安全生产

2013 年以来，港口、港区认真贯彻习近平总书记关于安全生产工作的一系列重要指示精神，按照江苏省委、省政府和苏州市委、市政府以及太仓市委、市政府的决策部署，强化"红线"意识、"底线"思维，把安全生产工作摆在突出位置，严格落实管委会领导责任、部门监管责任和企业主体责任，着力推进安全生产信息化、标准化、网格化建设，切实狠抓安全生产大检查、隐患排查治理、重点领域专项整治等重点工作，未发生较大以上和有重大影响的事故，安全生产总体形势平稳可控。

（一）压实责任　港口积极做好港口安全监管对接工作，组建安全生产监督与港政执法局，明确安全生产监管职责，完善安全生产责任体系，强化安全生产培训和教育，建设重大危险源安全监管平台，开展港口安全管理年系列活动。同时，不断健全完善安全生产机制，落实安全生产企业主体责任制、教育培训考核制，制订安全生产黑名单管理制度，构建风险分级管控和隐患排查治理双重预防机制，持续推进安全生产标准化建设和诚信体系建设，加强安全队伍建设，充实安全执法、企业安全管理和社会中介服务等三支队伍力量，安全生产责任制得到严格落实。深入开展安全隐患大排查大整治活动，通过月度检查、专项检查、夜间巡查、企业互查、第三方机构综合检查和保险机构风险勘查等多种方式开展安全检查，全面推进"安全生产专项整治三年行动"和港口安全生产重大事故隐患专项排查整治行动，推进诚信港口一体化建设新模式，通过构建港口、海事加码头、船舶、代理、货主、船员、港口辅助单位等"1+1+N"的港口安全诚信一体化管理体系，打造"诚信、安全、绿色"的样板港、先行港。港区在坚持安全生产一把手负总责的基础上，严格按照"党政同责""一岗双责""失职追查"的要求，管委会与安环局、安全员、企业签订安全生产责任状，各职能部门和企业与每个岗位签订安全责任状，制定责任落实管控表，把安全生产的责任实实在在落到每个人的肩上。完善安全生产考核机制和办法，加强履职检查和考核，严格实行安全生产一票否决制。做到安全责任到位、安全投入到位、安全培训到位、安全管理到位、应急救援到位、隐患整治到位，真正把安全生产的责任压力层层传导到位，把排查风险隐患工作层层深入到位，把执法整改的举措层层落实到位，确保安全生产万无一失。

（二）组织培训　港区安环局对安全生产管理人员持续开展安全生产专题培训，要求企业主要负责人、安全管理人员都要参加复训班新训班培训，重点学习《安全生产法》《江苏省安全生产条例》、安全生产管理知识及经验、安全生产事故案例和应急救援案例分析、安全生产责任制、隐患排查治理等知识。培训结束后，进行安全知识考试，成绩合格的颁发安全合格证书。对未取得安全合格证书或已取得安全合格证书的企业主要负责人、安全管理人员参加复训班，截至2022年，累计复训开班8期，培训人员685人，企业主要负责人、安全管理人员取得安全合格证书达到100%。同时，还举办了安全知识竞赛、安全环保大讲堂，不仅增添了安全知识，而且进一步提升了安全生产意识。

（三）"三化"建设　不断创新安全生产管理模式，积极推进标准化、专业化、信息化"三化"建设。一是标准化。港口制定了《太仓港液体化工码头生产作业流程指南》，推广应用上海港生产作业技术标准，17家码头企业全部通过安全生产标准化二级达标考评。持续推进安全生产标准化和双重预防机制建设，至2020年，港口危货企业标准化达标率、重大危险源企业一级标准化达标率、港口企业双重预防机制建设完成率实现三个100%。港区在所有企业中开展安全标准化建设，安环局组织行业专家及部分企业优秀内审员，对照《安全生产标准化基本规范评分细则》，采用现场查评与制度台账查评相结合的方法，对相关企业进行客观、公平、真实评价，鼓励企业拿到更高级别的标准化证书。至2022年，区内工贸企业安全生产标准化达标率达到100%。二是专业化。积极探索第三方监管模式，借助于社会专业力量，特聘两家专业安评公司对全区53家涉危企业展开专业排查，做到隐患有记录、整改有计划，全面全程监督安全隐患的处置情况，确保发现的隐患整改到位。三是信息化。港口开发建设储罐安全仪表系统、货物装载源头监管二期系统、雷电预警系统和风速监测系统，推广港内车辆安装主动安防系统，优化接入1600多路视频监控系统，开发在泊船舶偏档动态监测预警系统，在关键岗位和风险盲区推行使用全过程实时记录系统，逐步实现对船、港、货、车、人、设施设备、环境等要素的全链条安全信息化管控。积极推进危险化学品安全生产风险监测预警系统建设，提升危险化学品安全监管的信息化、智能化水平。相关企业对照部、省技术标准，建设监测监控预警系统，竞相提前达到接入条件，对接监测系统平台，确保按时联网。同时建设隐患排查管理平台，对企业的风险点位、风险类型、风险等级及防控措施进行明确，以行业安全生产标准化建设评定标准、行业规程规定等为基础，制定各类项目隐患排查标准和排查清单的电子化管理平台。通过该管理平台，企业管理者可以进一步了解企业总体安全管理状况与工作薄弱项，更好地摸清风险，明确安全生产重点内容，从而通过隐患排查清单、移动应用实现企业会用、愿意用、方便用的目的，解决不知道"谁来查、查什么、怎么查"的问题。从而实现科技助力、信息指引、精准监管。

（四）检查整治 港口强化安全生产监管，制定出台6项安全生产管理制度，深入开展安全隐患排查、安全生产月、百日安全大检查等专项检查活动，开展重点领域安全生产专项整治，联合地方政府有关部门强化重点领域特别是危化品企业监管，联合海事部门加强锚地管理，加强在建工程安全监督检查，聘请第三方加强安全检查，加强重点领域专项整治，全面推进"平安港口百日行动"。加快港口设施设备安全改造提升，推广安装港内车辆主动安防系统。推动安责险港口企业全覆盖，规范开展安责险事故预防工作。推进企业安全生产风险报告工作，完成重大危险源单位完成风险辨识。积极探索建立安全管理长效机制，研究制定企业安全目视化管理、企业外包、动火作业、流动机械设备管理检验等十多项规范指南。实施抛石抢护工程，上报近岸冲刷总体抢护方案。港区推进安全网格化管理，认真开展安全生产大检查，坚持领导检查、企业自查、专家研查和部门督查相结合，走访检查安全生产不少于2次。强化隐患排查治理，做到隐患排查全面，整改彻底。凡逢每年春节前、盛夏季之机，开展安全生产拉网式大检查，重点对化工企业、交通运输、人员密集场所、建筑施工、冶金工贸等重点行业领域的隐患排查，加强危险化学品生产、储存、经营、运输、使用等各环节安全监管，突出油气罐区、粉尘涉爆、涉氨制冷、有限空间、长输天然气管线等重点部位的隐患排查。对排查出的隐患，以"零容忍"态度落实整改措施，形成安全监管高压态势，坚决惩处各类非法违法生产经营建设行为。深入推进危化品使用、既有建筑等专项治理，危化品专用停车场完成建设，化工专业消防站加快建设，化工园区封闭化管理运行良好。持续开展"1+2+8"专项整治"三年大灶"，大力开展危化品使用安全、危化品生产、危险废物、重大危险源等专项整治行动，加大执法检查和隐患排查整治力度。创新实施工业企业红黄牌分类警示制度，有效督促企业落实安全环保主体责任。化工园区危化品车辆专用停车场、化工专业消防站等项目竣工投用，持续提升数字化管理水平，顺利通过安全风险等级评估。同时，按照国务院安委会第一巡查组、江苏省安委办、太仓市第一安全生产巡查组以及江苏省、苏州市、太仓市党政领导来港安全生产检查时提出的意见要求，不折不扣落实整改措施。

（五）应急体系　港口制订完善太仓港突发事件应急预案及自然灾害等专项预案，积极组织开展码头、锚地等安全风险管理和应急处置综合信息系统建设方案、港口突发事件应急预案及专项预案，开展码头、锚地等突发事件应急处理综合演练，不断提升港口应急处置能力。港区定期开展消防实战演练、消防技能竞赛等活动，并通过QQ群、微信群及时转发雨雪灾害天气等信息，在节日期间避免高风险作业，制定安全生产应急预案管理，明确明确火灾、触电、爆炸、中毒、化工品泄漏等重大事故应急救援的具体措施，全面提升应急处置能力，有效防范和处置各类突发公共事件，最大限度地减轻和消除突发公共事件造成的社会危害和影响。进一步加强政务值守工作。完善政务、监管、企业三级值班制度，明确突发情况下的值班措施、责任分工，全力加强值守力量。依托港区太仓市公安消防大队港区中队、华能中队、太仓港中队，配置消防车、消防机器人、抢险救援车等车辆装备和专职消防员，建设化工专业消防站和危化品车辆专用停车场，企业、社区建立微型消防站，配备灭火器、担架等救援器材，纳入 119 灭火调度指挥体系。市政消火栓建设与城市道路、企业建筑、居民住宅区等建设工程同步设计、同步建设、同步验收、同步投入使用，应建数和完好率达到国家有关标准。

三、社会管理

（一）动迁安置 做好动迁安置工作，既是港区建设的前期工程，又是造福人民的民生工程。为确保完成动迁安置工作目标任务，2013 年开始创建由动迁指挥部、动迁工作组、动迁专业组、村两委会、拆迁公司组成的"五位一体"动迁工作新机制，从港区开发惠民生、执政为民暖人心的高度，通过镇、村两级走访、深入摸底，对拆迁户进行思想劝导、政策宣传，开展调查评估，落实拆迁补偿政策，高质量建设安置房，做好过渡安置和安置房分配工作，提升安置水平，体现惠民利民的初衷。

2013 年，全年安排拆迁项目 12 个，动迁项目涉及农户 1065 户，完成评估 1030 户、签约 732 户、腾房 612 户。竣工移交安置房 35.7 万平方米，建成宅基地 506 户。全年安置拆迁人员 2387 人，置换社保 1638 人，发放安置费、生活费 8051 万元。新分配安置公寓房 1540 套、联体别墅 424 套、宅基地 270 套。累计拆迁安置 11817 户、建成安置房及社区配套用房近 200 万平方米，集中居住率约 64%。

2014 年，完成拆迁安置评估 201 户、签约 110 户、腾房 82 户，签约搬迁企业（含个体工商户）55 家，拆迁往年农户 8 家；完成拆迁人员安置 11 批 345 人，其中新置换社保 164 人。

2015 年，全年分配高层安置房 426 套、多层 216 套、联体 6 套；办理和平、新港花苑等小区安置房产注册证 3618 套。拆迁 347 户，安置 368 人；其中沪通铁路、杨林塘整治、疏港高速等重大工程完成拆迁扫尾 40 户。

2016 年，动迁农户 239 户、企业 23 家，安置 8 批次、561 人，其中置换社保 374 人。做好了浮桥、金浪、浏家港和石化片区近 5000 人月发生活费人员、资金的审核和发放工作。

2017 年，重点项目拆迁有序推进，扎实做好安置房建设、老小区改造、天然气入户和农村三星点建设等民生工程。

2018 年，海韵花园（东区）主体封顶，牌楼小区（东扩）按期推进。开展非保留区域整组预拆迁和重点项目拆迁，完成评估 393 户、签约 384 户，完成整组签约村民小组 17 个。以优化镇村居住用地布局保护权益）拆迁复垦 41.47 公顷，增减挂钩 13.2 公顷，占补平衡土地复垦 64.07 公顷。

2019 年，推进拆迁安置工作，评估农户 471 户，签约 360 户，完成不动产办证 691 套，海韵花园东区完成建设。

2020 年，动迁安置重点突破，长江大道等 5 个重点地块实现拆迁"清零"，六尺塘以西 1 公里范围内完成整组拆迁，全年完成动迁签约 315 户。完成安置房分房 683 套，下发不动产权证书 696 本，完成注册证办理 6632 套。加快建设 18 万平方米的静江佳苑安置房。

2021 年，加快实施七丫、浪港等 8 个村组整组拆迁，全年完成动迁农户 260 户、企业 30 家。办理不动产权证书 1058 套，海韵花园东区实现分房。

（二）环境整治　为了改善居住环境，提高生活质量，建设美丽幸福的新港城，强化城市管理和社区管理，全面推进生态修复和环境整治工作。2013 年，条块结合、区镇协作，扎实推进"六大整治、六大提升"行动，即整治乱停乱放及非法营运、木材加工行业、工业企业环境、违法建设、农民集中居住小区、农村环境；实现"交通运管提质、园区管理集中、企业转型升级、港城环境优化、居住小区提档、乡村风貌优美"六大提升，查处违法交通行为 5261 起，拆卸非法户外广告 60 块，取缔乱设摊点 19 个，清理废品收购点 26 家，拆除违章建筑 3760 平方米，木材违法加工、车辆违章乱行、建筑违规搭建、企业污染乱排等突出问题有所好转。2014 年，继续开展"六大整治、六大提升"行动，共查处各类违法建设 59 户，其中强拆 7 户，强拆面积 875 平方米；自拆 17 户，自拆面积 8255 平方米；制止 37 户，停建违法建设面积 14690 平方米。共查处交通违法行为 3132 起，处罚违停 1021 起。查获从事非法营运车辆 52 辆，暂扣违规三小车辆 14 辆。整治木材违法加工企业 40 多家。2016 年"百日行动" 698 个清单项目全部完工，累计关闭各类养殖场 151 家，整顿非法塑料造粒及木材加工 15 家，拆解或驱离沿江违停船只 265 条，清理内河杂船 39 条，环境面貌得到有效改善。2017 年，关停化工企业 2 家，关停和整治提高"散乱污"企业（作坊）21 家。2018 年，综合整治取得突破，完成环境攻坚 10 大类 3325 项整治任务。2019 年城乡环境综合整治 905 个项目全部完成，开展"331""散乱污""三沿"等专项整治，共拆违 10.72 万平方米。2021 年，不断完善"一核一廊二园三横三纵"生态系统，持续提升沿江绿色廊道、沿江生态湿地等形态结构，争创生态优先、绿色发展示范区。抓好河长制工作，坚持水岸同治，实施"一断面一方案整治工程"，完成"一园一档"平台建设，确保 7 条入江支流水质稳定达标。加大环保投入，推进"一厂一管"扩容等环境治理重点项目。深化专项治理，推进重点企业 VOC 提标改造，长效开展大气污染物监控、污染土地修复、"散乱污"整治等专项工作。

抓好河长制工作，坚持水岸同治，实施"一断面一方案整治工程"，完成"一园一档"平台建设，确保 7 条入江支流水质稳定达标。

2022 年计划目标深化长江大保护，统筹抓好环境整治与修复保护，高质量打造沿江万亩绿廊，加快建设沿江最美生态湿地。坚决落实中央、省生态环境保护督察反馈问题整改任务。全面落实河长制，完成胜利河等劣 V 类河道整治，确保新塘河闸断面水质稳定达标。推动居民小区垃圾分类"三定一督"向管理区延伸。深入推进农村人居环境整治。加快实现三星级康居乡村建设全覆盖，确保方桥、茜泾等村创成省、苏州市特色田园乡村。

（三）改善民生 加大民生投入和社会治理力度，用心用情抓好教育卫生、道路交通、人居环境等四大类 87 项民生实事工程，先后完成了自拆自建小区天然气入户工程、社区日间照料中心全覆盖工程、老小区改造工程、农村三星点建设、五个撤并镇管理区（老闸、时思、九曲、牌楼和浏家港）提档工程等 300 多个项目建设，改善城乡公共服务，持续增进人民群众的获得感。围绕"富民强村"这一出发点和落脚点，统筹推进"三农"工作，重点解决中小企业创业园建设、村级经济发展、失地农民培训就业等问题，增加农民收入，让区镇一体化发展成果更多地惠及人民群众。推进"三优三保"（以优化建设用地空间布局保障发展，以优化农业用地结构布局保护耕地，以优化镇村居住用地布局保护权益）工作，增减挂钩强力推进，腾出盘活土地 1260 亩，土地集体流转率达 92%，累计建成高标准农田 50988亩，村均可支配收入达 1323 万元，新增土地流转面积 375.77 亩，方家桥通过省级特色田园乡村验收，方桥村、三市村拟列入国家级传统村落名单。持续完善农业经营体系，推动合作社、家庭农场等新型经营主体向现代化、规模化经营迈进。严格规范村级土地、资产经营管理，持续做好农村土地流转。用活农业产业发展基金，优化村级经济结构，盘活存量资产资源，提高农业资源综合开发利用效率。加快1000 亩蓝田湖生态产业园建设，新增高标准农田 1200 亩。发展生态农业，绿色优质农产品比重超 70%。开展"两湖两线"特色乡村建设，建成建红、建新 2 个特色康居乡村和长垳村落特色精品乡村。推进教育、医疗等民生实事工程建设，投用老闸幼儿园、金浪卫生院、牌楼卫生院，推进智慧技防校园建设。推动成立港区浮桥不动产登记分中心，扎实推进安置房不动产登记发证，努力实现应发尽发。持续做好农村人居环境整治提升五年行动，争创"苏州市农村人居环境整治示范村"2个以上。全面做实村（社区）垃圾分类全覆盖，有序推进"厕所革命"。

（四）维护稳定　　充分发挥区镇合一体制的优势，大力开展专题普法教育活动。引导全区企事业单位学法遵法守法用法。依托司法所、工会、社区、企业以及调解志愿者构建大信访格局，针对劳动合同、损害纠纷、邻里关系等方面开展矛盾排查、就地调解，化解矛盾纠纷，实现了"三个百分之百""三个不发生"，即综合治理联动中心平台办结率100%，劳动合同签订率100%，劳动预警覆盖面达到100%；社会稳定方面不发生有较大社会影响的重复性群体性事件、教育工作方面不发生企业员工子女无法入学现象、文卫体育等方面做到不发生工作缺失，为港区的开发建设和企业的生产经营营造了良好的环境。加强社会治安工作，开展打黑除恶专项行动，与全体干部职工签订对标自查、忠诚履职承诺书。突出重点领域，通过调查问卷等形式，加强工程建设领域和港口经营领域涉黑涉恶和"保护伞"线索排查。有效预防、遏制和打击各类违法犯罪活动，全力消除社会治安问题和安全隐患，同时，扎实做好新冠病毒疫情防控工作，做到组织机构到位、人员责任到位、周密防控到位、舆论宣传到位、后勤保障到位，制订涉外疫情防疫指南、管理办法，指导企业"按图作战"。开发线上疫情防控专班管理系统，升级集卡进入港口闸口的自动抬杆系统，专班管理、梯口管理等经验在全省乃至全国港口圈进行推广。有序做好国际航行船舶中国籍船员入境换班工作，协调解决船员因急症或意外伤害下船就医问题，为守好全省最大水上国门筑牢坚实屏障。对从疫情严重地区过来的人员进行排查、信息核对，做好核酸检测或隔离工作，确保疫情防控万无一失，营造了一个和谐、平安、稳定、幸福的美好环境。同时，坚决贯彻落实中央和省市工作要求，一手抓疫情防控，一手抓经济社会发展，全力构筑防控安全屏障，全力稳住经济发展基本盘。一方面全力防输入防扩散，切实完善防控体系，构建区镇一体的指挥体系、条块结合的防控体系、立体覆盖的宣传体系，推进"综治网格＋警务网格"双网融合、"村民自治＋群防群治"双治联动，实行严防严控、联防联控、群防群控。按要求对高、中风险地区来苏人员进行滚动排摸，对境外人员全部实施动态管理。另一方面经济发展加快复苏，制定《关于促进经济平稳健康发展的若干奖励政策的通知》和《支持企业复工复产的若干政策意见》，激发经济增长活力，全力推进招商引资、项目建设的新突破，稳住主要指标增长率，促进经济平稳健康发展和社会和谐稳定。

第四节　营商环境

一、太仓港口管委会服务措施

2013年以来，江苏太仓港口管委会始终坚持"协调、争取、服务"的定位，专门成立优化营商环境工作领导小组，强化组织领导，实行责任协同，细化工作流程，落实服务举措，完善监督考核，全面提升营商环境整体水平。

（一）优化口岸服务环境　一是提供通关绿色通道。实行节假日预约通关，实施海关查验货物时收发货人可免于到场的便利措施，降低送实验室检测比例。推行"互联网＋海关"作业，鼓励企业通过国际贸易"单一窗口"补传或以其他电子化方式提交随附单证。优化出口前监管，及时调整企业等级，降低出口查验频次。指导企业采取针对性预防措施，"一企一策"帮扶企业应对境外通关障碍。提供便捷出证服务，引导帮扶企业开展原产地证书自助打印，实施签证预约、快递寄送等便捷措施。二是从简到港船舶检查手续。推动太仓港船舶吃水深度到—12.3米，在安全保障、技术支持的前提下为太仓港码头等级加码，高质量建成货畅船安的"钻石区段"。实行国际航行船舶网上申报边检手续，通过公安出入境互联网办事平台或国际贸易"单一窗口"申报出入境船舶、船员信息，不再提交纸质申报单证。对办理好预检手续船舶，可以按照规定简化出境、入境检查手续，提供出境、入境便利。三是构建全天候服务机制。实行边检办证大厅24小时服务，优质服务太仓港夜航船舶。坚持24小时值班制和无节假日工作制度，引航申请受理率100%。进江船舶以抵达长江口时间及码头企业接靠计划、出港船舶以申请开航时间先后顺序为原则安排引航。四是开展"保供保畅"优先服务。2022年，在上海港受疫情影响下，太仓港主动扛起上海国际航运中心分中心责任担当，非常时期逆势启航，开辟周边企业货物经太仓港转运进入上海港的绿色通道，长江沿线企业经太仓港中转进入上海港将享优先服务。太仓港所有集装箱码头将全力支持苏州企业保供保畅，4月11日起至5月底对通过"太申快航"进出口的"陆改水"重箱全额减免码头堆存费。对长江中上游和安吉、湖州内河港口通过太申快航往来外高桥、黄浦江港区的普通集装箱，太仓港中转费率统一执行 60 元/小箱、90 元/大箱。对长江中上游港口通过"太申快航"往来外高桥、黄浦江港区且达到一定规模的支线经营人，沪太两港分别给予中转装卸费 20 元/小箱、30 元/大箱的补贴。2022 年太仓口岸出口整体通关时间压缩比达 95%。进口冰鲜海关指定监管场所完成省级验收。与苏州自贸片区签订深化战略合作协议，并与上合组织国家多功能经贸平台及 7 家进口贸易商签订合作协议。成立"苏货苏运服务联盟"，举办线上线下推介活动 5 场次，为 1200 余家本地企业提供"一企一策"定制化物流服务。

（二）提升政务服务能级　一是实行在线审批服务。港口管委会官方网站设立政务服务窗口，对港口重大事故隐患的处理情况备案、港口重大事故隐患的排查情况备案、港口危险货物重大危险源备案、安全评价报告以及落实情况备案、变更或者改造港口固定经营设施备案、储存数量构成重大危险源的其他危险化学品备案、港口应急预案备案、变更企业办公地点备案、变更企业法定代表人备案、港区内进行危及港口安全的采掘、爆破施工等活动的许可、危险货物港口作业审批、港口危险货物作业附证许可、港口经营许可等业务实行在线申报，网上审批。二是积极创新服务方式。严格落实公开服务制、一次性告知制、限时办结制，主动靠前服务。积极推进行政许可创新管理，参照自由贸易区"证照分离"改革模式，实行港口经营（不包括危险货物作业资质）告知承诺制度。推进"一网、一门、一次"改革，扩大"不见面审批"覆盖面，通过网传、快递等方式提供相关材料。充分利用历史有效性材料，实现各部门和不同主体单位间数据的共联共享，压减审批重复性材料。三是全面推行"阳光执法"。深入落实行政执法公示制度、执法全过程记录制度、重大执法决定法制审核制度。推进"互联网＋政务"服务向纵深发展。全面实行政务服务事项"网上办、自助办、预约办"，减少群众来回跑腿。依托货物电子放行系统，实现货物电子提离加电子舱单全程无纸化，缩短货物放行审批时间。

（三）全力助推港航企业发展　一是倾听企业需求和呼声。充分利用企业微信群，及时掌握企业需求和呼声，畅通企业政府交流互动渠道，为企业家提供定制服务。建立健全企业参与政策制定机制，研究制定政策之前，充分听取企业意见建议，对企业敏感的行业规定或限制性措施设置合理过渡期。对企业合理诉求，及时提出针对性的解决方案。二是全面提升港口作业效率。对集装箱班轮船舶桥时效率、码头和外堆场业务运营时限、理货和拖轮服务达标率以及缩短查验作业服务时间明确了规范的作业服务标准，特别是强调了作业时效率的最低限度和实行全天候服务的要求，从而进一步提高港口作业效率。三是降低进出口环节费用。全面实行口岸收费目录清单制度，清单之外一律不得收费。支持企业做好 AEO 申请认证，降低企业通关环节的服务费用。本着本港船舶优先、集装箱船舶免费、随时申请随时办理的服务原则，合理调度锚地资源，最大限度满足航运企业需求。四是慎终如始抓好"外防输入、内防反弹"，建立司机驿站，确保物流链通畅；严抓船岸界面、专班人员、涉外医废、货运车辆，守牢苏州最大"水上国门"。对于受疫情影响物流运输遇到困难的企业，开通 24 小时服务热线，提供"一企一策"物流订制方案服务，帮助企业协调和解决物流运输、口岸通关、港航协调等问题，保障企业运输、仓储、通关、海运等环节顺畅，提高物流运输效率，降低企业物流成本。

（四）加强驻港企业监管工作　一是完善企业诚信体系建设。为规范港口建设、港口经营行为，建立诚信激励和失信惩戒机制，营造公平、公正的港口经营市场环境，港口管委会制定了《太仓港港口企业信用评级管理实施细则》，分别对港口经营人信用评级依据与采集、港口企业信用评级信息的处理以及港口经营人信用等级评定等做了明确的规定，引导港口企业在经营活动中依法经营，诚实守信。建立健全全港统一的联动共享机制，将信用承诺、信用考核和信用信息查询等应用嵌入行政审批、事中事后监管、招投标等业务流程，实现信用联合奖惩"一张单"。完善以信用承诺为基础、信用产品为工具、信用管理为手段的新型企业服务模式，推进市场主体相关公共信用综合评价结果应用。建立"政府承诺＋社会监督＋失信问责"机制，把兑现政策、履行承诺、依法行政、文明执法、执行联合信用奖惩情况纳入平时监督和年度考核内容，提高政务公信力。构建新型监管机制，针对同一检查对象的多个检查事项，合并或纳入跨部门联合抽查范围。试行对信用较好、风险较低的市场主体合理降低抽查比例和频次。二是加快推进"智慧港口"建设。促进互联网与传统港航业务融合，提高行政监管效能。依托电子口岸，打通数据壁垒，融合海关、海事、引航申报数据及港航企业生产数据，做好各系统的整合集成，做到各系统数据利用最大化。三是建成投运太仓港指挥中心。实行船舶靠离泊统一调度，提升船舶进出效率及作业安全系数。推进全港车辆安全服务平台建设，全港车辆统一纳入平台监管运行。开发完成太仓港车辆安全服务平台、集卡优惠通行稽查系统、生产数据服务系统、拖轮和理货服务公共信息平台。

二、太仓港区管委会服务措施

2013年以来，港区管委会积极探索服务企业发展的新思路、新办法、新模式，积极开展领导挂钩、结对帮扶活动，不断优化行政审批，搭建多种服务平台，想企业之所想，急企业之所急，帮企业之所需，千方百计帮助企业解决发展过程中遇到的困难，为企业发展创造了良好的环境。

（一）创新行政审批方法，不断提升服务效能 一是建立行政服务中心。2013年，港区行政服务中心正式运行，9个对外服务窗口（外资审批、项目立项、住建、环保、公积金、人社、国税、地税、工商）共计完成咨询业务7752件，共接件152323件，办结152303件，为港区企业提供了"家门口服务"。同时，新增城管、商务、民防、公安、卫生、安监、气象、消防等进驻部门，提供近百个服务项目。行政服务中心推行的"一站式办公、一条龙服务、并联式审批、阳光下作业、规范化管理"的运行模式，将行政相对人需要跑多个部门才能办成的事，变为只跑中心一处就能办成，极大地方便了办事企业和群众。特别是通过并联审批，切实简化了办事程序、有效提高了办事效率。二是成立港区行政审批局。2019年6月，港区积极探索"放管服"改革，成立港区行政审批局，积极推行"告知承诺制""双信制""全程代办制""一枚印章管审批制"等服务新模式，进一步提高了审批效率。是年8月29日，港区行政审批局向利洁时（苏州）有限公司发放了编号为太港行审地许〔2019〕1号的建设用地规划许可证，这是港区行政审批局自设立和承接行政许可事项以来颁发的第一张建设用地规划许可证，标志着港区开始进入"一枚印章管审批"的新阶段。港区行政审批局坚持"服务企业、保障发展"原则，一方面加快行政审批事项的签约承接，完善审批制度，优化审批流程；另一方面加强全员业务素质提升，不断学习先进理念和先进做法，充实融入到部门的日常工作中，促进审批工作有效开展。积极推行"一个窗口、并联审批、限时办结"制度，建立挂钩联系和全程服务体系，提前介入项目洽谈和筹建环节，加强统筹协调，切实帮助解决实际困难。聚焦一个"快"字，紧跟科技步伐，普及科技知识，引入证照登记自助服务一体机，推行"免预约""零见面""零干预""全天候""无纸化"，通过大数据、人工智能等先进技术，实现网上申请、自动审批、审批结果主动及时送达的政务服务新模式，从而使企业申办营业执照办理时限由最长15天、平均3天，缩短到现在的"秒批"，营造了良好的投资创业环境。三是创新政务服务中心。2020年7月，为进一步提升政务服务水平，更好地服务港区、浮桥企业、群众，港区行政审批局启用太仓港经济技术开发区政务服务中心,将港区行政审批局和浮桥为民服务中心合署办公,整合市场准入、投资建设、社会事务、社保医保、民政养老等49个窗口,涉及397个服务项目,构建24小时自助服务区,满足企业"5+2"不间断服务,打造"一站式""保姆式"优质服务体系。同时,建立无障碍通道、母婴室等人性化设施,张贴宣传标语、指引标志,制作办事指南二维码,营造温暖舒心、文明、有序的营商环境。2021年审批服务再提速。按照全省开发区全链赋权审批改革推进情况,建立行政执法"三项制度",规范执法行为。深入推进"互联网+政务服务",独立开展市场准入、社会事务、投资建设等审批业务,港区政务中心累计办理各类事项8万余件,按时办结率达100%。2022年进一步深化"一网通办"改革,实现企业开办网上登记率90%以上、电子营业执照发放率99%、申请材料平均减少30%、速度平均提升15%。

(二)实施领导挂钩企业,加大结对帮扶力度 一是建立联系挂钩制度。为了进一步提升效能,推动各项工作落到实处,港区坚持联系挂钩制度,领导班子成员挂钩重点企业,职能部门挂钩对口企业,坚持每月走访一次企业,千方百计帮助企业解决发展过程中遇到的困难与问题。特别对在建项目、技改项目、开工企业以及环保重点企业开展结对帮扶,落实责任,直击困难。企业管理局认真履行职责,一旦发现企业遇到难办的事,及时摸清情况和原因,协调有关部门会办,解决了企业燃眉之急,确保在建项目早竣工,试生产企业尽快通过安全、环保、质监等部门的验收,争取新投产企业多产出、高效益。2013年,分管领导挂钩企业,收集企业反映问题122条,解决109条;落实"营改增"结构性减税政策,受益企业239家,减税3000多万元。二是开展走访调研活动。2017年,港区结合"两学一做"学习教育,开展"六个一"走访调研活动,真心实意走进基层一线,真情实感收集民情民意,走出了时尚"港区风貌",走出了过硬"港区作风"。2017年,全体机关干部下基层5412次,走访家庭800户,占计划走访家庭户数的100%;走访企业1441家,占计划走访企业数的100%;收集问题意见总数776个,现场解决396个。特别针对环境保护、安全隐患等群众企业最关心、反映最强烈的问题,协调港区城管、交警等执法部门做好排查,找出源头,从严处理涉事单位或个人。在此基础上,整合数字化城管执法资源,以网格化长效管理为抓手,加强日常巡查和全覆盖管理。同时还建立了重点项目微信群,进一步丰富了走访调研的形式和内涵,把"大走访"变成"常走访"。加强对重点企业、重点项目的"回头看"和"再走访",扎实做好各类问题意见的回访答复工作。结合走访中了解到的各类问题，反思工作中存在的不足和短板，落实长效机制。结合"项目建设推进年"和"作风效能提升年"等活动，不断提升干部解决问题的能力和水平，以实际成效服务企业、服务群众，以实际行动取信于企业、取信于群众，不断提高企业和群众的认可度、满意度。三是帮助企业破解瓶颈。积极向上争取重大项目审批、监管流程优化、政策倾斜、资金扶持。争取大项目点供用地、大载体独立选址和城乡挂钩指标。加快"退二进三""退二优二"进度，盘活存量土地资源，提高土地综合利用效率。资产化、证券化、市场化多措并举，以经营城市、企业上市、发行债券、信托投资等运作方式，着力提升资金筹措能力，全力破解要素瓶颈。同时，还加强了检验检测、认证认可、知识产权和数据中心等公共服务平台建设，利用政务微信、政务微博、官方网站、微信群等服务平台，及时帮助企业解决在技改申报、资金扶持、信用贯标、有序用电等方面的困难与问题。

（三）搭建多种服务平台，促进经济健康发展　一是项目建设服务平台。从"洽谈—签约—落户—建设—投产"的全过程实行保姆式服务，协助企业办理环评、注册、施工许可证等报批报建手续，落实重点项目挂钩责任制，及时协调解决项目建设中遇到的难题。对签约、开工、续建、竣工、开业的项目列出任务清单，分解到各个职能部门，明确职责分工，落实项目建设责任，强化进度督促。按照挂图作战的要求，突出序时进度，抓好协调服务，推行"马上办"，及时解决项目建设过程中遇到的难题。落实重大项目代办制，做到倒排工期挂图作战。二是科技创新服务平台。积极推进各类科技产业园区建设，完善配套功能，增强人才型、科技型项目落户的承载力。推进高校合作共建先进制造技术研究中心和科技成果转化基地建设以及产学研合作项目，充分发挥产业园区人才、技术、创新、服务集聚效应。三是人力资源服务平台。通过高技术企业和产学研合作项目以及高新产业园区带动一批高端人才，开放人力资源市场，每周安排两场次现场招聘活动，积极拓展网上招聘工作协助企业解决劳动力和引进各类高层次人才。四是生活保障服务平台。加快推进新港城建设，行政商务、生活居住、商业休闲、文教卫生、公共服务"五大功能"形态基本形成，为服务驻港企业提供了住房、医疗、就学、购物、休闲的良好生活环境。

三、太仓海关服务措施

2013 年以来，太仓海关始终坚持扎根太仓、服务太仓、建设太仓，与国家战略同频共振，与地方发展深度融合，规范执法忠诚履职，贴心服务便民惠企，全力打造更有活力、更富效率、更加开放、更具便利的口岸营商环境。

（一）坚持深化改革，助力提速增效　一是压缩通关时间。优化通关作业流程，加强部门间协调，着力解决"提前申报""两步申报"中企业存在的实际困难，进口整体通关时间压缩比超过 50%。稳步推进进口货物"船边直提"和出口货物"抵港直装"，适用商品范围已扩大至危险品、大件货物、大宗散货等多个品种，直提直装集装箱通关时间缩短至 10 分钟，散货通关时间缩短至 6 小时。积极贯彻进口铁矿石"先放后检"模式，扩大大宗散货重量鉴定检验监管模式改革和铁矿检验方式的改革，进口铁矿放行时长压缩 86.1%。二是应用单一窗口。指导企业进出口货物申报通过国际贸易"单一窗口"办理，解答相关咨询，实现主要业务覆盖率 100%。舱单、理货、运抵等物流数据全部通过单一窗口汇集申报；建立与太仓港港口委之间的信息联通，通过太仓港电子口岸汇集个码头运抵信息向南京海关物流监控系统（新海运）发送运抵报文，并接收放行指令转发各码头。实现太仓港进出口货物状态信息在太仓港电子口岸统一查询，改变多点查询，节约企业时间，提升效率。三是精简监管证件。确保辖区内应精简的监管证件全部退出口岸验核，目前监管证件保留 41 种，其中 38 种证件实现联网监管，进出口环节不再验核其他监管证件。在进口申报环节免予提交合同、装箱单，出口申报环节免予提交合同等商业单证，进一步降低企业的通关成本。

（二）坚持科技赋能，突出业务创新　一是研发智能装备。先后研发由腰带式腰包、照明式安全帽、反光安全背心、执法记录仪和移动执法终端等组成的六件套单兵查验装备并不断完善定型，提高执法的标准化、专业化和现代化水平，显著提升作业效率。率先实践"无人机"智能水尺计重，建立了智能观察、智能识别、智能处理的智能水尺计重系统，实现了水尺计重的全程无纸化、智能化。二是打造智慧海关。确定综合展示、运行监控、货物监管、风险预警四个主要建设内容，涵盖对海关监管场所、国际运行船舶、车辆卡口物流等的全方位监视监管；全面实行无纸化作业、智慧查验自动调箱派单、目的地查验预约等通关便利改革；口岸大数据及数据可视化分析、进境船舶上下船动态无人机预警、卡口重空箱自动预警等具有口岸特色的风险预警设置。三是筑牢疫情防线。坚持"外防输入、内防反弹"，结合工作实际不断改进疫情防控移动工作站、国际航行船舶电子管理系统等创新成果，设计推进"远程检疫"新模式，积极探索使用远程检查工作站和配套开发智慧系统，改革入境船舶检查模式、提升船舶检查效能、降低关员染疫风险。

（三）坚持提升服务，实现跨越发展　一是推动载体建设。积极指导太仓港综保区建设，组织建设方多地调研，修改完善规划方案，帮助地方政府如期通过审批。积极落实国务院21条政策，2020年9月7日，太仓港综保区获批开展海关特殊区域增值税一般纳税人资格试点，目前区内共有2家增值税一般纳税人资格试点企业。推动跨境电商业务发展，有效吸引省内首个综保区淘宝全球购跨境直播平台落户。助力港口委申请冰鲜口岸资质，指导企业申请设立进口日本锦鲤隔离场。二是落地税收优惠。着力服务省重点项目、重点招商引资项目，做好政策扶持；持续推进对美加征关税商品排除，提供市场化采购排除全程指导；关税保证保险逐渐扩量，条形码申报新技术试点涵盖惠氏、欧莱雅、宝洁、唯品会等品牌旗下商品。多措并举推进 RCEP 实施，2022年1月4日，舍弗勒（中国）有限公司成功获批成为苏州地区首家 RCEP 经核准出口商。全面推行原产地证书智能审核、自助打印等便利措施，简化产品预审手续，提供"互联网+"不见面审批与快递收发单证服务，服务企业快速签证提升出口竞争力。"江尾海头'金'税管"团队获评2021年度市级机关单位"护商暖商"优质服务团队。三是服务国家战略。发挥太仓沿海沿江沿沪区域特点，持续深化拓展沪太通关一体化，创新设立洋山—太仓港"联动接卸"监管新模式，实现"视同一港"整体监管。该模式自2020年11月4日开通以来，累计进出口集装箱已突破10万标箱，涉及新能源设备、汽车配件、木材等各类进出口货物近百种，惠及企业100余家，累计为企业节约成本2000余万元，复制推广至浙江省独山港、安吉港，安徽省芜湖港。积极落地落实长江经济带口岸属地海关风险防控协作机制，服务攀华集团、京东方等产业龙头，提升太仓港口的辐射力。

四、太仓边防检查站服务措施

太仓出入境边防检查站作为驻守在长江南岸入海口的边检前哨，担负太仓口岸38.8公里长江对外开放岸线边防检查任务。2013年以来，年均检查出入境（港）船舶超5000余艘次，员工80000余人次，业务总量位列长江水域港口边检站第一，位列全省港口边检站第二。该站坚持以维护国家政治安全和口岸稳定为首责，以服务地方经济高质量发展为牵引，始终战斗在维护国家政治安全主战场、疫情防控最前沿、服务发展第一线，以7%的警力完成了全省20%的业务量，打赢了一场场艰苦硬仗，国门防线更加巩固，内外防控更加精准，服务发展更加有力，为太仓经济社会高质量发展做出了突出贡献，全力为苏州全面打造开放再出发的"门户港""示范港""枢纽港"贡献力量。

（一）全力营造良好完善的口岸营商环境　近年来，太仓站深化"放管服"改革，积极策应太仓市"以港强市"发展战略，加快融入沪太同港化战略，自觉把边检工作融入地方经济发展大局。高效落实促进服务航运企业发展16项新举措、长三角航运枢纽建设10项新举措、总站"便企利民八项措施"，结合太仓港27条近洋航线特点，始终"急企业之所急、想企业之所想"，深入推进当前"单一窗口""港口系统"应用，简化审批材料，主动靠前积极服务保障太仓港集装箱四期码头开放、太仓港协鑫电厂码头2号泊位等省级对外开放验收工作，特别是在近两年疫情情况下，针对复工复产有困难的企业和船舶，实行一企一策、特事特办，有效解决企业困难，降低企业运营成本，保障实现了太仓港业务总量逆势增长。深化"我为群众办实事"实践活动，每年在码头一线举办一期"中国边检阳光国门"品牌推介会，深入开展走访活动，充分了解掌握码头企业、服务对象、人民群众对边检的期待和需求。五年来，开通紧急通道共计50余次，救助受伤船员20人次，确保受伤船员在第一时间得到救治，专业高效、人性化的通关服务赢得服务对象一致好评。

（二）全力营造安全有序的口岸维稳环境　在重大安保任务期间，该站常态化联合驻地公安、码头企业安保队开展联合巡查共计40余次，提升口岸见警率，第一时间发现安全隐患。主动扛起入出江苏长江水域起始点国际航行船舶预警核查责任，开展"国门无虞—边检前哨"专项行动，利用滤网工程、海防工程和船用甚高频等手中武器，全面发挥边检前哨震慑、预警、核查效能，联合上海边检开展苏沪联合巡检，核查重点船员3000人次，核查发现非法出入境船舶20余艘次，核查入境（港）船舶轨迹3000艘次。2021年底建成"一个监控中心、三个监控站、辖区岸线至江面10公里范围内90%以上监控覆盖率"的海防监控体系，不断提升口岸管控水平。2021年5月19日，查获一起涉嫌走私象牙制品案，是太仓首次发现。2019年7月14日，太仓边检站联合海关、海事等部门，破获一起海上偷运走私冻品案件，现场查获冷冻鸡爪700余吨，涉案金额近千万元。近五年来共查获涉嫌走私、未按规定航线行驶等各类案事件80起，查获无证登轮、非法搭靠案件39起25人次，对出入境违法违规行为形成高压打击态势，进一步规范出入境秩序，净化口岸环境，为太仓港建设发展保驾护航。

（三）全力营造便捷高效的口岸通关环境　在"外防输入、内防扩散"的严峻防疫形势下，充分发挥疫情防控边检重要方面军作用，加强与海关、海事、海警、长航公安等单位联动协作，强化涉疫信息相关通报机制，联合口岸办下发《关于加强太仓口岸国际航行船舶作业界面疫情防控的通知》，落实"三提前、三共享"。落实"四四六"管控机制，组建高风险勤务专班，制定疫情期间码头巡查工作指引，强化船员换班闭环管理，筑牢阻击疫情坚固防线，有效支撑精准防控。创新一体化验放通关模式，落实国际船舶出入境手续一次告知、一次办结，推进"单一窗口""港口系统"应用，民警24小时在岗在位，昼夜不停对出入境船舶开展精准查验，积极打造便捷高效的口岸通关环境，高质高效服务保障国家物流枢纽太仓港集装箱年吞吐量突破700万标箱，不断提升服务驻地经济社会发展能力水平。

五、太仓海事局服务措施

2013年以来，太仓海事局全面履行海事"三保一维护"（保障水上交通安全、保护水域环境清洁、保障船员合法权益和维护国家主权）职责使命，全力跑出水上"太仓速度"，进出港船舶、国际航行船舶分别从2013年的69441艘次、4235艘次攀升至2021年的145192艘次、6445艘次，集装箱、货物吞吐量分别从2013年的326.7万标箱、1.3亿吨跃升至2021年的703万标箱、2.4亿吨，为激情谱写社会主义现代化建设精彩太仓篇章贡献了海事力量。

（一）助力安全发展，水上安全持续平稳　一是安全防控扎实推进。构建安全风险分级管控和隐患排查治理双重预防工作机制。实体化运行"三年大灶"工作专班，强化安全风险识别管控，建立风险清单，细化管控措施。实施安全隐患分类管理，建立"一患一档"。长效开展专项活动，辖区涉海运输船舶全面清零、到港内河船舶船名标志全面规范、无线电秩序率先销点、船舶配员率先合规、浮吊清零成果有效巩固。二是水上应急有序推进。建立健全水上搜救组织体系，水上搜救志愿者队伍扩大至350人。发布长江太仓段风险隐患防控"四图两册"。联合市慈善基金总会成立"太仓市郑和水上关爱基金"。印发《长江太仓段水上搜救应急预案》等预案。成功防范"灿都""烟花"等台风及寒潮大风等恶劣天气。三是水路疫情防控安全平稳。开通内河船员接种绿色通道。保障国际航行船舶船员换班3207人次，妥善处置外籍船舶"龙鱼"轮、"海洋世界"轮等核酸检测疑似阳性事件。

（二）助力智慧发展，监管手段丰富多元　一是全面推动新型监管机制太仓实践。创新实施"1+3"高质量选船。建立"到港船舶全选船、信用管理全覆盖、安全风险全识别、港口生产大调度、通道安全大管控、港航数据大融合"海事新型监管机制。二是持续推进港口安全诚信一体化深化运用。构建港口、海事加码头、船舶、代理、货主、船员、港口辅助单位等"1+1+N"的港口安全诚信一体化管理体系，做法得到国务院江苏安全生产督导组肯定，并列入江苏省安全生产典型做法清单。三是全力建设水上"大交管"多维感知体系。打造"港航一体、门户管理、全域感知、精准管控"的全要素水上"大交管"太仓模式，构建"1+3"水上交通管控格局。成立无人机飞行大队，实现非接触式远程安全辅助监管模式。

（三）助力融合发展，治理能力稳步提升　一是构建特别监管区促发展。围绕"安全发展政策、江海生态航运、机动保障能力、港口监管网络、物贸服务体系"建设目标，联合港口委印发实施方案，探索打造太仓水上安全特别监管区。二是丰富综合治理手段保安全。联合崇明、宝山海事局建立沪太海事协作机制。联合港口委、市检察院、引航等8家单位成立长江航运东大门通道安全"共建共治"联盟。联合市交运局、长航公安成立杨林河口水上安全联合工作站。三是拓宽便民渠道应民声。联合南京海事法院苏州法庭以及相关涉水主体，成立水上交通事故一站式解纷中心、海事纠纷诉源治理审务工作站及苏州地区首家船员权益保护工作站。聚焦港航企业和船民"急难愁盼"问题，推出24小时不打烊政务、"多证合一"、自助服务终端、远程考场、线上处罚等便民服务。

（四）助力绿色发展，长江生态优化更迭　一是擦亮污染防治"太仓名片"。布设溢油监测报警装置，强化水源地水域全天候监管，守好居民饮水入口关。"124"专办常态化运行定期通报，建设并运行长江太仓段水上绿色综合服务区，实现污染物接收"全域全时段"落实。二是打造岸电推广使用"太仓示范"。实现太仓港14家非危化品码头66套岸电设备信息系统全覆盖，"船E行"信息系统岸电接入率在长江江苏段辖区率先达到100%。三是构建危险品管理"太仓样板"。探索建立载运危险品船舶全过程监管制度。全省首推危化品码头联防体建设，每年组织开展船载危化品运输安全监管"百日行动"，率先实现全港危化品船舶选船。

（五）助力开放发展，港口经济强劲复苏　一是保障港口生产持续向好。全力保障协鑫煤炭码头工程、扬子江海工舾装码头等十余项重点港口工程安全建设运营。全程服务华能太仓港务码头、润禾码头等通过口岸开放验收。精心指导长江石化泊位改造、华能煤炭内线码头等工程的通航安全核查。二是提供港口发展坚强保障。出台 9 项举措、解决 10 个问题，助力集装箱吞吐量突破 700 万。设置船舶临时停泊区，缓解船舶锚泊难问题。实施航道升级、锚地北移工程，提升通航效率。实施砂石船舶"八不进、七不出"璜泾规则，保供砂石安全装卸。推动"苏冀电煤"护航措施，确保供电不断。三是塑造港口发展新优势。制定五星旗海轮自主进出太仓港操作指南。推动实施香港籍国际航行船舶自引自靠作业。精准服务太仓港集装箱四期码头提前营运。支持太仓港至南京、宿迁、蚌埠、苏州工业园区新航线开辟。优质服务"太仓—洋山"专线快航船舶、两岸直航船舶。实施大型船舶"直进直靠、直离直出"便利举措。精心保障载运超宽大件船舶"T"字型靠泊出江，助力太仓港高附加值海工产品扬帆出海。

六、太仓引航站服务措施

太仓引航站坚持优质高效服务长江航运高质量发展、全力助推太仓以港强市战略实施，2013 年以来，多措并举，深入推进"三个服务"，即服务沿江经济发展、服务长江黄金水道建设、服务港航企业。着力锻造出一支"江海清流、阳光引航"的铁军，为太仓港高速发展跻身世界港口影响力排名榜前列做出了突出贡献。

（一）强化服务意识，提升服务能力　一是强化服务意识。针对当前港口航运受疫情影响的现状，太仓引航站号召全站干部职工认清形势，主动作为。"把风险和压力留给自己，把放心和方便送给别人"，牢固树立"与服务对象共生共存"的理念，急企业之急，帮企业之难。主动与服务对象面对面沟通，了解服务对象需求，掌握我们的服务状况，改进我们的服务质量。自新冠肺炎疫情防控常态化以来，太仓引航站成立了防疫工作专班，实行"14+14+7"模式，其中 14 天在集中隔离点居住并参加引领来自国外或其他疫情高风险地区船舶，14 天在隔离酒店集中隔离居住，两次核酸检测阴性后 7 天居家健康检测。竭尽全力保障服务效率，以人力资源利用最大化的方式保证港口正常运转，航运不断不乱，防疫科学全面。二是提升服务能力。充实引航力量，自 2013 年先后引进 16 名外贸引航员。加强队伍建设，组织职工开展军事化训练，促进引航队伍正规化、引航服务规范化。注重专业培训，组织引航员定期参加专业知识培训、系统开展知识更新、晋级晋档培训考试和引航班组技术培训和交流，提升队伍专业素质。提升服务保障水平，坚持引航服务回访机制，做好服务质量跟踪反馈，全面掌握一线情况。优化引航管理模式，简化引申请流程，便捷服务对象。太仓引航站通过软件开发，实施进出太仓港船舶引航"一次申请"，简化了进出长江船舶的手续环节，有利于方便港航单位，有利于提高船舶通行效率。

（二）强化安全管理，提供安全服务　太仓引航站始终坚持把安全作为生命线，牢记责任和使命，紧绷安全弦，狠抓安全管理，努力为服务对象提供安全服务。一是强化安全责任意识。引航站与每位职工签订《安全生产责任状》，实行安全责任分级管理。一旦发生事故，先待岗后处理，建立完善的事故处理和安全考核机制。开展"遵章守纪规范操作系列年""三防一禁""汛期百日安全"等专项活动。二是坚持安全预警机制。强化对引航船舶实施动态监控，加强引航船舶事故预防预控工作。每天都要核对航道、水文、气象等信息，发布安全预警。落实安全管理"防线前移，重心下放"的指导思想。三是排查安全隐患。建立安全隐患数据库，定期公布，并采取当场整改、限期整改、专项整治等手段落实整改措施。四是开展引航安全风险研究。针对长江口 12.5 米深水航道延伸至太仓，组织引航技术专家研讨12.5 米深水航道内超大型船舶的引航操作方法。针对事故易发水域开展事故原因分析。五是义务为服务对象提供安全培训、安全咨询、登轮送安全知识，宣传安全理念。为码头带缆水手培训，帮助掌握正确带缆方法。为服务对象提供泊位资料。开展技术咨询服务。通过采取上述措施，将专业技术、安全知识和理念送到码头、船上和航运企业一线。

（三）利用技术优势，提供"定制"服务　太仓引航站利用技术优势，想港航单位所难，解港航单位所困。一是自加压力，进一步放宽进江船舶、夜航船舶尺度，竭尽全力为服务单位提供超常服务。12.5 米深水航路延伸至太仓后，太仓引航站加强技术研究，自加压力，不断刷新引航纪录，实现太仓深水航道利用五连跳。第一跳：2011 年 3 月 17 日，吃水 10.8 米、15 万吨级巴拿马籍散货船"鲁宾凤凰"轮靠泊太仓武港码头，刷新了自 12.5 米深水航道试通航以来 15 万吨级海轮全潮进入长江航道的新纪录；第二跳：2011 年 7 月 1 日，吃水 11.5 米、15 万吨级的马耳他籍"勇敢水手"轮安全靠泊太仓武港码头，吃水提升 70 公分。太仓引航站在太仓港航运史上书写了浓墨重彩的一笔；第三跳：2012 年 5 月 3 日，太仓引航站引领载重 20.6 万吨铁矿石的巴拿马籍"宝升"轮进太仓港。创造了太仓港最大吨位船舶靠泊记录。第四跳：2015 年 5 月 24 日，吃水 11.9 米"宝韵"轮安全靠泊武港码头；第五跳：2017 年 7 月 22 日，吃水 12.25 米"安娜贝尔"轮安全靠泊武港码头。船舶吃水每增加 1 厘米可多载运铁矿石 120 吨左右，在货物转运等环节中可综合节省约 30 万元物流成本。超常服务助推 12.5 米深水航道凸显"黄金效应"。二是竭诚为集装箱船提供超常服务。中日韩、东南亚、美西等班轮航线保持着年 20% 的增长。太仓引航站为该类集装箱航线班轮给足了优惠政策：正常情况下提前 24 小时受理业务，但集装箱船可以例外；遇到大雾天气，采取非正常手段保证集装箱船的准班准点。对有特殊装卸货要求的船舶，克服技术困难提供顺流靠泊服务。三是设身处地为服务对象排忧解困，给予精准的"定制式"安全服务。新开放扬子江海工码头靠泊船型特殊，在装卸等方面有极为严苛的要求。太仓引航站主动了解码头实际困难，组织专家制定引航方案，"穿针引线"指导配合"欢乐天空""美丽情人"两艘特种船安全装载国产吊机并顺利开航，保证了国产高附加值海工设备出口海外市场。安全引领大型无动力 LNG（液化天然气）"地中海能力""北方能源"两艘海轮到扬子江海工码头进行修船作业，打开了码头修船业务新市场。安全引领载运货值近亿元 4000 辆出口欧洲国产轿车"礼诺亚洲"轮及时出江，助力中国制造做大做强、走出国门。针对疫情发生以来因检疫等要求造成大量船舶在长江口抛锚积压，武港码头等运营受阻，太仓引航站积极应对，主动协调长江引航中心全线引航力量，同时加大科学调派，及时将船舶引领进港，保障了企业正常运转。在为企业办实事活动中，一线走访了解企业需求，了解武港码头生产经营情况后，为码头提出了增加待泊锚地、优化堆场运行效率等建议，为企业破解发展瓶颈起到了巨大作用，受到服务对象赞誉。四是开辟绿色通道，对关系国计民生的重要物资船舶实施优先引领。确保电煤、燃油、防疫物资等重要物资及时进港。特别是冬季大雾封航导致电厂生产原料紧缺，如不能及时补充电煤，电厂将停止运转。多年来，太仓引航站始终坚持在能见度转好的间隙，通过党员带头、停止休假、缩短工歇等方式第一时间将载运电煤船舶引领进港，解决电厂的燃"煤"之急。

七、长航太仓派出所服务措施

长江航运公安局苏州分局太仓派出所（以下简称长航派出所）2013 年以来在太仓市委、市政府和上级公安机关的正确领导下，忠诚担当，甘于奉献，始终将服务和保障太仓港高质量发展挺在最前面，牢固树立"一盘棋"理念，积极融入全市平安建设，推动长江大保护，严厉打击涉江违法犯罪，以实际行动保卫好长江太仓水域的政治治安稳定，派出所荣获"全国公安机关执法示范单位"称号。

（一）维护大局稳定，守护港口政治安全　一直以来，长航派出所以维护国家政治安全和社会大局稳定作为公安工作的首要任务。一是政治安全全民参与。民警到码头企业举办反恐、安全保密等宣传教育培训，开展风险隐患排查，督促码头企业落实 SOLAS 公约履行，开展各类应急演练等，不断提升辖区码头企业安全防范意识。二是积极开展矛盾纠纷化解。以国家各类重大活动安保为抓手，积极开展矛盾纠纷大排查大化解活动，做到早发现、早掌握、早控制。开展各类专项安保任务 70 余起，妥善处置群体性事件 26 起，化解各类矛盾纠纷 500 余起。三是快速处置突发事件。妥善处置了卡车事故、船舶沉没、人员落水等安全事故 50 余起，处置未知名尸体 93 具。2017 年，太仓水域发生失踪 10 人的长江罕见沉船事故"7.31"和"8.1"事故，面对突如其来的事故，200 多名家属聚集，派出所全体民警连续在所工作 1 个月，开展善后工作。其间，发动海巡艇、拖轮、华英 388 共 12 艘水上力量开展水域拉网式搜寻，积极协调做好情况通报发布、舆情管控、尸体处置、DNA 比对，会同政府及市局全力做好家属安置、情绪安抚、维稳处突等工作。最终，死者遗体全部找到，后续赔偿问题得到解决，事故得到圆满处置。交通运输部长江航务管理局局长唐冠军局长亲临现场慰问并对长航派出所处置工作给予高度评价。

（二）严打违法犯罪，筑牢港口治安屏障　2013 年以来，长航派出所共立刑事案件 227 起，打击处理 241 人，受理治安案件 508 起，行政拘留 262 人，其他处理 346 人。为国家和个人挽回经济损失 8000 余万元。一是江地协作典范引领。长航派出所派出所自 2009 年重新挂牌驻守港口以来，主动接受地方政府及太仓市公安局领导，开创了苏州地区江地警务合作的典范。地方政府高度支持长航派出所发展，与市局刑侦、治安等条线全面融合，极大提高了打处合力，最大化实现成果共享。2018 年 3 月份，长航派出所在市局治安、技侦的大力协助下，共抽调双方 200 余名精干警力，通过共同经营、研判，精准出击，成功打掉了一个以赵某为首的在长江太仓段非法采砂团伙，抓获犯罪嫌疑人 30 余人，逮捕 20 余人，扣押船舶 10 艘，涉案金额达 5000 余万元。该案为长江全线非法采矿案涉案金额最大、抓获人数、批捕人数最多的案件，被公安部列为部督案件。二是长江保护勇担主力。长江大保护，严厉打击长江违法犯罪是党和国家交给长航公安的光荣使命和任务，2016 年以来，长航派出所破获了一批具有在国内引起强烈反响的大案要案，共办理非法捕捞、环境污染等环境资源类刑事案件 46 起，打击处理 155 人。其中"2016·12·18

长江污染案"列为部督案件，并被列为当年全国检察机关检查监督十大典型案例，16 名在长江太仓段倾倒 3000 余吨生活垃圾的犯罪分子受到了严厉的法律制裁，中央电视台、江苏卫视、东方卫视等各大媒体、网络平台纷纷予以专题报道。2018 年"夏某永等人非法捕捞水产品案"，系长江太仓段最大非法捕捞案件，涉案渔获物达 7000 余公斤，涉案金额达 120 余万元，该案被最高检评为服务保障长江经济带发展典型案例，列目录第一位。"2020 年陈素新等人非法捕捞水产品案"被评为"全国公安机关打击长江流域非法捕捞犯罪典型案例"。还有"2014·8·30 盗卖重油案""2016·7·30 盗卖木材案""2016·10·11 冒充军人招摇撞骗案""2019·8·4"特大冒充军警抢劫成品油案等一大批大案要案。三是专项整治成果丰硕。2019 年 11 月 22 日，成功摧毁一个以淮安籍孔某保为首的冒充边防执法人员在长江水域敲诈勒索的犯罪团伙，抓获犯罪嫌疑分子 9 名，缴获作案手机 11 部，轿车 1 辆，涉案价值约 330 余万元。2020 年，在市政府组织开展的打击长江口走私行为专项整治行动中，长航派出所积极响应、冲锋在前，共查获非法运输成品油案 5 起，抓获犯罪分子 22 名，查获走私船舶 6 艘，快艇 2 艘，缴获走私柴油 5000 余吨，有力打击了走私犯罪分子的嚣张气焰，在最短时间内摘掉了走私重点区域的帽子。配合地方政府完成了沿江所有汉港三无船舶清理，并多次组织"三无船舶"专项整治行动，有效净化港口治安环境，共办理无证驾驶机动船舶案件 370 起，行政拘留 125 人。四是公民个人信息保护。2021 年 10 月，在《公民个人信息保护法》实施之际，长航派出所通过专项行动，以太仓港一期码头某职工信息被盗用为突破，一举破获"2021·10·19"侵害公民个人信息案，查获了一个倒卖公民个人信息牟利的犯罪团伙，抓获江西、江苏、湖南、广东等地犯罪嫌疑人 50 余人，涉案价值 100 余万元，该案的告破，切实维护了港口职工的合法权益，目前该案还在进一步侦办中。

（三）增强为民意识，护航港口经济发展　一是多措并举，织密治安防控网络。1.长航派出所充分发挥群防群治力量，联合海事、港政、水利、渔政等水上行政执法单位及各个码头企业，每年两次召开长江太仓段水上治安防控体系建设推进会，并组建义务巡逻队、内部治安员、太仓水域治安微信群等，构建一点多面的港口治安人防网络。2.将太仓市局、水利、渔政、太仓港电子口岸等沿江视频监控进行整合，接入长航派出所综合指挥室，形成可预警、可研判、可实战的港口视频监控网络，服务公安打击、服务实战运用。目前加上长航公安自建监控，共接入视频监控 28000 多路，充分弥补了全市水上视频监控作战的空白，大力推动了太仓港智慧港口建设。二是党建引领，传扬长江保护理念。2013年以来，长航派出所党支部、团支部与检法机关、港区、港口、浮桥镇党委下属30余个相关支部、团组织开展结对共建活动，将公安服务与教育活动相结合，广泛聘请警风警纪监督员，通过开展"警营开放日""主题党日活动""野外拓展"及演讲、体育比赛等传达长江大保护理念。2021年在长航公安原公安趸船基础上改造，2022年初完工的太仓市禁捕联合执法基地，融入社会实践教育、党团共建功能，将守护港口碧水蓝天理念传唱发扬。三是办好实事，赢得人民群众好评。2013年以来，长航派出所成功处置船舶火灾、船舶涉险、跳江轻生、落水遇险、集卡车自燃、车辆侧翻、非正常死亡等一批救助事件80余起，以实际行动诠释了人民公安为人民的精神品格，提高辖区群众的安全感和满意度。长航派出所获得锦旗42面，感谢信20余封，先后荣获太仓市、苏州市青年文明号，多次获评水上搜救先进集体。四是主动请缨，积极参与疫情防控。2020年，新冠疫情全面爆发，太仓派出所主动向地方政府请战，承担了"浮桥医学观察隔离点、浏河口封航管制点"及"S80高速出口查控点"三点查控执勤力量。2022年3月，长航派出所主动承担太仓港区三轮全员核酸采集4个点位安保工作，确保了有序进行。最近又组织20余名警力至太仓港疏港高速S80太仓港专用通道和疏港铁路园车辆停放秩序维护工作。

八、长江太仓航道处服务措施

长江太仓航道处始终以"航道保畅、航道保安"为己任，履行"服务长江水运、服务沿江经济、服务流域百姓"的宗旨，用初心铸匠心，以更优质的服务、更精湛的技术、更务实的作风保航道畅通，助沿江港航企业发展，促太仓地方经济持续健康发展。

（一）全力做好公共服务

一是为辖区内大国工程保驾护航。2020—2021年，高效实施辖区内北沿江高铁上海至南通越江段沪崇线过江通道工程勘察水上钻探作业航标保障工程，创新双"2+1+1"保障模式，工程期间共设置航标29座次，调整46座次，撤销29座次，共计104座次，对外发布航道通告35份，提前70天高质量保障了施工期间航道的通航安全。2021年7月开工建设的海太过江通道是江苏省规划建设的复合型过江通道，也是太仓水域的第一座公铁两用过江隧道，对太仓地方经济社会发展融入长三角区域一体化发展具有重要意义。长江太仓航道处承担海太过江通道水上勘察专用航标设置工程，截至12月1日，配合海太过江通道水上勘察作业开展了11个分区钻孔设标工作。以最快的速度完成航标工程施工任务，保障了勘察任务的按时推进。

二是提高航道维护能力。全面落实航标、航道养护等规定，对辖区航标全面排查清理，开展不规则浮架、黑锥顶缺失、标名褪色集中整改，整改率100%。完成长江干线码头设施和辖区标志排查工作，开展重点水道测水、重点水域巡检以及桥区夜航等工作，确保重点时辖区节航道安全。三是公共服务持续优化。扎实开展"文明窗口月"活动，走访辖区海事、引航等部门，征求洪、枯水期航标调整意见和航道服务意见，条条有反馈、件件有落实。对辖区30家服务单位开展技术服务、个性化服务意见征集以及公共服务质量调查，船东满意度年年达100%。对辖区21家单位开展专用航标维护保养工作，建立专用航标维护档案，完成企业年度维护报告21份，得到服务单位一致好评。四是为辖区内沿江企业排忧解难。自12.5米深水航道开通运行以来，辖区码头靠离泊船舶逐渐大型化，船舶靠离泊码头生产作业安全风险随之加大。2017年为改善白茆沙水道通航环境，确保航道与船舶靠离企业码头作业的安全，长江太仓航道处主动作为，邀请引航、海事等部门对白茆沙水道局部河段的航标配布进行了专题研究，充分听取各方意见与建议，编制了《长江下游白茆沙水道主航道航标优化调整方案》，工程共调整航标9座，撤销航标2座，设置虚拟航标1座。航标优化调整后，有效解决了相关码头企业反映的船舶离靠泊码头的困难，得到了码头企业的高度好评。太仓水源地取水口是重点民生保障设施，2019年航道巡查发现部分进出浏河口的社会船舶为走捷径经常随意穿越取水口区域，导致取水口护桩被撞的事故时有发生，对取水口设施的安全运行带来危险。长江太仓航道处主动进行现场勘察，并组织航标技术人员深入分析研究，制定了"太仓市自来水有限公司取水口专设航标配布设计方案"，在原有专用航标配布基础上对取水口管道上、下游和头部的航标进行增设、整合和重新命名，更加醒目地警示过往船舶避开重点保护水域，有效地解决了船舶随意穿越太仓水源地取水口区域的安全隐患。为进一步掌握辖区内重点码头水域的水文变化情况，分析研究航道通航条件，2021年8月19日，长江太仓航道处联合海事、水文等单位在武港码头水域抛设了一座多功能监测红浮，并完成了相关仪器的测试工作。该系统为辖区航道、码头综合开发利用和安全保障研究提供了基础数据。

（二）全力抓好安全生产

一是开展联合监管。为保障国家资产的安全完整，与长航太仓派出所建立了联防及信息共享合作机制，加大综合监管力度，严格损坏航道设施的责任追究。每年定期与长航太仓派出所开展辖区水上综合执法检查，有效地保护了航道基础设施设备。二是开展专项整治活动。持续抓好长江航道维护安全双重预防体系运行管理，实现主要安全风险自辨自控，隐患自查自治。组织开展"安全生产月""汛百安""三保一创""安全活动日"等专项活动；开展"反三违、防事故、保安全"和"加强船容船貌，提升单位形象"专项行动，强化治理成效。三是建立安全预警机制。突出抓好极端天气航道、航标安全防范和枯、洪水期航道维护作业安全防范。进一步强化"七节两会"等重要时段的安保工作，实现辖区航道零事故，确保进出辖区船舶安全畅通。

（三）全力推进绿色发展

一是积极参与长江大保护。开展《长江保护法》的宣传贯彻，落实辖区航道建设、养护、运行、管理全过程环境保护责任，着力打造绿色航道。二是推进船舶防污染工作。不断规范在本辖区开展航道航标作业船舶和趸船的污染物处置，推进"船E行"污染物接收方应用，规范污染物接收记录，确保船舶生活垃圾和油污水集中收集上岸进行无害化处理。三是推进绿色环保建设。持续深化航标环保新材料、新工艺应用，持续抓好航标集中上岸保养工作；持续抓好辖区水源保护区航道设施环保工作；开展趸船、码头、基地绿色环保全覆盖建设。